世界经典文学名著

——影响你的一生

| 中国经典 |

新课标必读系列丛书

THE NEW CURRICULUM STANDARDS REQUIRED SERIES

孟子选注

[战国] 孟　子 / 著　姚康汇 / 选注

| 名著阅读的最佳引导者 |

海峡出版发行集团 | 福建人民出版社
THE STRAITS PUBLISHING & DISTRIBUTING GROUP | FUJIAN PEOPLE'S PUBLISHING HOUSE

图书在版编目（CIP）数据

孟子选注 /（战国）孟子著；姚康汇选注．
——福州：福建人民出版社，2013.10 （2017.7 重印）
（新课标必读系列丛书）
ISBN 978-7-211-06778-7/02

Ⅰ．①孟… Ⅱ．①孟… ②姚… Ⅲ．①儒家②《孟子》
–注释 Ⅳ．① B222.52

中国版本图书馆 CIP 数据核字 (2013) 第 171406 号

外国经典 新课标必读系列丛书
The New Curriculum Standards Required Series

孟子选注

【战国】孟子／著　姚康汇／选译

总 策 划：周凯龙　汤伏祥　林顶
责任编辑：林顶
出版发行：海峡出版发行集团
福建人民出版社
网　址：www.fjpph.com
地　址：福州市东水路 76 号
电　话：0591-83635634
装帧设计：福州良之设计工作室
插图绘制：北京印刷学院
数字出版绘画艺术工作室

经　销：福建新华发行（集团）有限责任公司
印　刷：北京一鑫印务有限责任公司
地　址：北京市顺义区北务镇政府西 200 米
开　本：787mm × 1092mm　1/16
印　张：13
字　数：250 千字
版　次：2013 年 10 月第 1 版
印　次：2017 年 7 月第 2 次印刷
定　价：29.80 元
书　号：ISBN 978-7-211-06778-7/02

新华福龙 XINHUA FULONG
发行中心：福建省福州市福光路 189 号 3 楼　邮　编：350014
电　话：0591—63121760 63121761　传　真：0591—87576255

导 读

孟子（前 372 —前 289 年），名轲，字子舆。汉族，战国时期邹国人，鲁国庆父后裔。中国古代著名思想家、教育家，战国时期儒家代表人物。孟子及其门人著有《孟子》一书。孟子继承并发扬了孔子的思想，成为仅次于孔子的一代儒家宗师，对后世中国文化的影响全面而巨大，有“亚圣”之称，与孔子合称为“孔孟”。

孟子是鲁国贵族孟孙氏的后裔，没落为“士”，孟子约十五岁时就拜读于子思（孔子的孙子）门下，勤奋学习，从不间断。学成之后，他提倡仁政，提出“民贵君轻”的民本思想，曾游历于邹、任、齐、宋、滕、魏、鲁等诸国，企图推行自己的政治主张，前后历时二十多年。当时几个大国都致力于富国强兵，争取通过暴力的手段实现统一，所以孟子的仁政学说在当时被认为是迂腐的大道理，说他空洞的言论没有什么使用的价值，因为没有得到实行的机会，齐宣王、梁惠王这些大国诸侯都认为他的主张不合时宜，尽管对他十分优待，却并不采用他的建议。在这种情况下，他不贪恋名位，罢官而去，著书立说，教授门徒，把自己的理想寄托于将来。他停止政治活动以后，便和他的弟子万章 、公孙丑等把他的学说——即政治主张、哲学理论、教育纲领等——整理成书，传于后世。“序《诗》《书》，述仲尼之意，作《孟子》七篇”，这就是流传至今的《孟子》七篇。《孟子》传世的七篇十四卷为《梁惠王》上、下；《公孙丑》上、下；

《滕文公》上、下；《离娄》上、下；《万章》上、下；《告子》上、下；《尽心》上、下。

《孟子》一书进一步阐发了孔丘的思想学说，是孟子的言论汇编，由孟子及其弟子共同编写而成，记录了孟子的语言、政治观点（仁政、王霸之辨、民本、格君心之非，民贵君轻）和政治行动，属儒家经典著作。其学说出发点为性善论，提出“仁政”、“王道”，主张德治。自从宋、元、明、清以来，都把《孟子》当做家传户诵的书。就像今天的教科书一样。《孟子》是四书中篇幅最大的部头最重的一本，有三万五千多字，从此直到清末，“四书”一直是科举必考内容。《孟子》这部书的理论，不但纯粹宏博，文章也极雄健优美。（五经：《诗经》、《尚书》、《礼记》、《易经》、《春秋》）。

《孟子》不仅是一部经典的儒家著作，也是一本以记言为主的语录体散文，更是一部优秀的古代散文集。全书以对话、说理的方式展开，以驳论为主要的论证方法。它比较详细地记载了孟子的思想、言论和事迹，保存了丰富的史料，是研究孟子思想和先秦政治、文学、历史、经济和哲学的重要著作。《孟子》一书的艺术特点主要体现在下面三个方面：一，善于论辩，孟子曾回答公都子说：“予岂好辩哉？予不得已也。”好辩，形成其文章一以贯之的特点。二，极有气势，孟子富于鼓动性，有纵横家、雄辩家气概。学习他的文章，就要体会他文章内雄浑的气韵。三，形象鲜明。孟子的文章比喻形象生动，取喻的方法不拘一格，既有其时代特征，又有其个性特点。

《孟子》既吸收《论语》中的精华，也借鉴了《大学》《中庸》的一些内容，仁义是其思想核心。但和孔子常讲仁少讲义不同，孟子则仁义并重，他有句名言，即“鱼，我所欲也；熊掌，亦我所欲也。二者不可得兼，舍鱼而取熊掌者也。生，亦我所欲也；义，亦我所欲也。二者不可得兼，舍生而取义者也”。

《孟子》被作为封建思想的正统，经历了漫长的发展过程。汉文帝时把《论语》《孝经》《尔雅》和《孟子》各置博士之官，叫“传记博士”，《孟子》赫然在列。两汉时，《孟子》已和《论语》并列。到五代时，后蜀主把《易》《书》《诗》《议礼》《周礼》《礼记》《公羊》《谷梁》《左传》《论语》《孟子》十一经刻石，这是《孟子》被列入“经书”的开始。到南宋，理学家朱熹在《礼记》中取出《大学》和《中庸》两篇，认为是曾子和子思的作品，与《论语》《孟子》合在一起，称为四书，于是，《孟子》的地位空前提高了。

孟子的思想是中国古代儒家思想的杰出代表，更是中华民族传统文化的至罕瑰宝，闪耀着思辨的光辉与智慧的精华，值得我们认认真真去学习。

本次我社组织专家选注《孟子》一书，特意从中撷取了一百多个最为经典的篇章，详细加以注释和翻译，编译者给每个篇章都起了个篇名，让读者更好把握其思想和内涵。相信此书对中小学生学习孟子和儒家文化能起到一个很好的引路者的作用。

孟子箴言

老吾老，以及人之老；幼吾幼，以及人之幼。

乐民之乐者，民亦乐其乐；忧民之忧者，民亦忧其忧。乐以天下，忧以天下，然而不王者，未之有也。

我知言，我善养吾浩然之气。

天时不如地利，地利不如人和。

得道者多助，失道者寡助。寡助之至，亲戚畔之；多助之至，天下顺之。

富贵不能淫，贫贱不能移，威武不能屈。此之谓大丈夫。

不以规距，不能成方圆；不以六律，不能正五音。

鱼，我所欲也。熊掌，亦我所欲也。二者不可得兼，舍鱼而取熊掌者也。生，亦我所欲也。义亦我所欲也。二者不可得兼，舍生而取义者也。

故天将降大任于是人也，必先苦其心志，劳其筋骨，饿其体肤，空乏其身，行拂乱其所为，所以动心忍性，曾益其所不能。

民为贵，社稷次之，君为轻。

其进锐者，其退速。

孟子选注

目录

一、何必言利

孟子见梁惠王[①]。王曰："叟[②]！不远千里而来，亦将有以利吾国乎？"

孟子对曰："王！何必曰利？亦[③]有仁义而已矣。王曰，'何以利吾国？'大夫曰，'何以利吾家？'士庶人[④]曰，'何以利吾身？'上下交征[⑤]利而国危矣。万乘之国，弑[⑥]其君者，必千乘之家；千乘之国，弑其君者，必百乘之家[⑦]。万取千焉，千取百焉，不为不多矣。苟[⑧]为后义而先利，不夺不餍[⑨]。未有仁而遗[⑩]其亲者也，未有义而后其君者也。王亦曰仁义而已矣，何必曰利？"

【注释】

① 梁惠王：就是魏惠王（前400—前319），惠是他的谥号。公元前370年继他父亲魏武侯即位，即位后九年由旧都安邑（今山西夏县北）迁都大梁（今河南开封西北），所以又叫梁惠王。

② 叟：老人。

③ 亦：这里是"只"的意思。

④ 士庶人：士和庶人。庶人即老百姓。

⑤ 交征：互相争夺。征，取。

⑥ 弑：下杀上，卑杀尊，臣杀君叫弑。

⑦ 万乘、千乘、百乘：古代用四匹马拉的一辆兵车叫一乘，诸侯国的大小以兵车的多少来衡量。据刘向《战国策·序》说，战国末期的万乘之国有韩、赵、魏（梁）、燕、齐、楚、秦七国，千乘之国有宋、卫、中山以及东周、西周。至于千乘、百乘之家的“家”，则是指拥有封邑的公卿大夫，公卿封邑大，有兵车千乘；大夫封邑小，有兵车百乘。

⑧ 苟：如果。

⑨ 餍（yàn）：满足。

⑩ 遗：遗弃，抛弃。

【译文】

孟子拜见梁惠王。梁惠王说：“老先生，你不远千里而来，一定是有什么对我的国家有利的高见吧？”

孟子回答说：“大王！何必说利呢？只要说仁义就行了。大王说，‘怎样使我的国家有利？’大夫说，‘怎样使我的家庭有利？’一般人士和老百姓说，‘怎样使我自己有利？’结果是上上下下互相争夺利益，国家就危险了啊！在一个拥有一万辆兵车的国家里，杀害它国君的人，一定是拥有一千辆兵车的大夫；在一个拥有一千辆兵车的国家里，杀害它国君的人，一定是拥有一百辆兵车的大夫。这些大夫在一万辆兵车的国家中就拥有一千辆，在一千辆兵车的国家中就拥有一百辆，他们的拥有不算不多。可是，如果把义放在后而把利摆在前，他们不夺得国君的地位是永远不会满足的。反过来说，从来没有讲‘仁’的人却抛弃父母的，从来也没有讲义的人却不顾君王的。所以，大王只说仁义就行了，何必说利呢？”

二、与民同乐

孟子见梁惠王。王立于沼上，顾鸿雁麋鹿，曰："贤者亦乐此乎？"

孟子对曰："贤者而后乐此，不贤者虽有此，不乐也。《诗》云①：'经始灵台②，经之营之。庶民攻③之，''不日④成之。经史勿亟⑤，庶民子来⑥。王在灵囿⑦，麀鹿攸伏⑧。''麀鹿濯濯⑨，白鸟鹤鹤⑩。王在灵沼⑪，於牣⑫鱼跃。'文王以民力为台为沼，而民欢乐之，谓其台曰'灵台'，谓其沼曰'灵沼'，乐其有麋鹿鱼鳖。古之人与民偕乐，故能乐也。《汤誓》⑬曰：'时日害丧⑭？予及女⑮偕亡！'民欲与之偕亡，虽有台池鸟兽，岂能独乐哉？"

【注释】

①《诗》云：下面所引的是《诗经·大雅·灵台》，全诗共四章，文中引的是前两章。

②经始：开始规划营造；灵台，台名，故址在今陕西西安西北。

③攻：建造。

④不日：不几天。

⑤亟：急。

⑥庶民子来：老百姓像儿子似的来修建灵台。

⑦囿：古代帝王畜养禽兽的园林。

⑧麀（yōu）鹿：母鹿；攸：同“所”。

⑨濯（zhuó）濯：肥胖而光滑的样子。

⑩鹤鹤：羽毛洁白的样子。

⑪灵沼：池名。

⑫於（wū）：赞叹词；轫（rèn）：满。

⑬《汤誓》：《尚书》中的一篇，记载商汤王讨伐夏桀时的誓师词。

⑭时日害丧：这太阳什么时候毁灭呢？时，这；日，太阳；害，何，何时；丧，毁灭。

⑮予及女：我和你。女同“汝”，你。

【译文】

孟子拜见梁惠王。梁惠王站在池塘边上，一面顾盼着鸿雁麋鹿等飞禽走兽，一面说：“贤人也以此为乐吗？”

孟子回答说：“正因为是贤人才能够以此为乐，不贤的人就算有这些东西，也不能够快乐的。《诗经》说：‘开始规划造灵台，仔细营造巧安排。天下百姓都来干，几天建成速度快。建台本来不着急，百姓起劲自动来，国王游览灵园中，母鹿伏在深草丛。母鹿肥大毛色润，白鸟洁净羽毛丰。国王游览到灵沼，满池鱼儿欢跳跃。’周文王虽然用了老百姓的劳力来修建高台深池，可是老百姓非常高兴，把那个台叫做‘灵台’，把那个池叫做‘灵沼’，以那里面有麋鹿鱼鳖等珍禽异兽为快乐。古代的君王与民同乐，所以能真正快乐。相反，《汤誓》说：‘你这太阳啊，什么时候毁灭呢？我宁肯与你一起毁灭！’老百姓恨不得与你同归于尽，即使你有高大深池、珍禽异兽，难道能独自享受快乐吗？”

三、仁者无敌

梁惠王曰："晋国[1]，天下莫强[2]焉，叟之所知也。及寡人之身，东败于齐，长子死焉[3]；西丧地于秦七百里[4]；南辱于楚[5]。寡人耻之，愿比死者一洒之[6]，如之何则可？"

孟子对曰；"地方百里[7]而可以王。王如施仁政于民，省刑罚，薄税敛，深耕易耨[8]；壮者以暇日修其孝悌忠信，入以事其父兄，出以事其长上。可使制梃以挞秦楚之坚甲利兵矣。

"彼夺其民时，使不得耕耨以养其父母。父母冻饿，兄弟妻子离散，彼陷溺其民，王往而征之，夫谁与王敌？故曰：'仁者无敌。'王请勿疑！"

【注释】

① 晋国：韩、赵、魏三家分晋，被周天子和各国承认为诸侯国，称三家为三晋，所以，梁（魏）惠王自称魏国也为晋国。

② 莫强：没有比它更强的。

③ 东败于齐，长子死焉：公元前341年，魏与齐战于马陵，兵败，主将庞涓被杀，太子申被俘。

④ 西丧地于秦七百里：马陵之战后，魏国国势渐衰，秦屡败魏国，迫使魏国献出河西之地和上郡的十五个县，约七百里地。

⑤ 南辱于楚：公元前 324 年，魏又被楚将昭阳击败于襄陵，魏国失去八邑。

⑥ 比：替，为；一：全，都；洒：洗刷。全句说，希望为全体死难者报仇雪恨。

⑦ 地方百里：方圆百里的土地。

⑧ 易耨：及时除草。易，疾，速，快；耨，除草。

【译文】

惠王说："魏国曾一度在天下称强，这是老先生您知道的。可是到了我这时候，东边被齐国打败，连我的大儿子都死掉了；西边丧失了七百里土地给秦国；南边又受楚国的侮辱。我为这些事感到非常羞耻，希望替所有的死难者报仇雪恨，我要怎样做才行呢？"

孟子回答说："只要有方圆一百里的土地就可以使天下归服。大王如果对老百姓施行仁政，减免刑罚，少收赋税，深耕细作，及时除草；让身强力壮的人抽出时间修养孝顺、尊敬、忠诚、守信的品德，在家侍奉父母兄长，出门尊敬长辈上级。这样就是让他们制作木棒也可以打击那些拥有坚实盔甲锐利刀枪的秦楚军队了。

"因为那些秦国、楚国的执政者剥夺了他们老百姓的生产时间，使他们不能够深耕细作来赡养父母。父母受冻挨饿，兄弟妻子东离西散。他们使老百姓陷入深渊之中，大王去征伐他们，有谁来和您抵抗呢？所以说：'施行仁政的人是无敌于天下的。'大王请不要疑虑！"

四、天下定于一

孟子见梁襄王①。出，语②人曰："望之不似人君，就之而不见所畏焉。卒然③问曰：'天下恶乎定？'

"吾对曰：'定于一。'

"'孰能一之？'

"对曰：'不嗜杀人者能一之。'

"'孰能与④之？'

"对曰：'天下莫不与也。王知夫苗乎？七八月之间旱，则苗槁矣。天油然作云，沛然下雨，则苗浡然⑤兴之矣。其如是，孰能御之？今夫天下之人牧⑥，未有不嗜杀人者也。如有不嗜杀人者，则天下之民皆引领而望之矣。诚如是也，民归之，由⑦水之就下，沛然谁能御之？'"

【注释】

① 梁襄王：梁惠王的儿子，名嗣，前318年至前296年在位。

② 语：动词，告诉。

③ 卒然：突然。卒同"猝(cù)"。

④ 与：从，跟。七八月：这里指周代的历法，相当于夏历的五六月，正是禾苗需要雨水的时候。

⑤ 浡然：兴起的样子。浡然兴之即蓬勃地兴起。

⑥人牧：治理人民的人，指国君。“牧”由牧牛、牧羊的意义引申过来。

⑦由：同“犹”，好像，如同。

【译文】

孟子见了梁惠王，出来以后，告诉人说：“远看不像个国君，到了他跟前也看不出威严的样子。突然问我：‘天下要怎样才能安定？’

“我回答说：‘要统一才会安定。’

“他又问：‘谁能统一天下呢？’

“我又答：‘不喜欢杀人的国君能统一天下。’

“他又问：‘有谁愿意跟随不喜欢杀人的国君呢？’

“我又答：‘天下的人没有不愿意跟随他的。大王知道禾苗的情况吗？当七八月间天旱的时候，禾苗就干枯了。一旦天上乌云密布，哗啦哗啦下起大雨来，禾苗便会蓬勃生长起来。这样的情况，谁能够阻挡的住呢？如今各国的国君，没有一个不喜欢杀人的。如果有一个不喜欢杀人的国君，那么，天下的老百姓都会伸长脖子期待着他来解救了。真像这样，老百姓归服他，就像雨水向下奔流一样，谁能阻挡得住呢？”

五、君子远庖厨

齐宣王[1]问曰："齐桓、晋文[2]之事可得闻乎？"

孟子对曰："仲尼之徒无道桓、文之事者，是以后世无传焉。臣未之闻也。无以[3]，则王乎？"

曰："德何如，则可以王矣？"

曰："保民而王，莫之能御也。"

曰："若寡人者，可以保民乎哉？"

曰："可。"

曰："何由知吾可也？"

曰："臣闻之胡龁[4]曰，王坐于堂上，有牵牛而过堂下者，王见之，曰：'牛何之[5]？'对曰：'将以衅钟[6]。'王曰：'舍之！吾不忍其觳觫[7]，若无罪而就死地。'对曰：'然则废衅钟与？'曰：'何可废也？以羊易之！'不识有诸？"

曰："有之。"

曰："是心足以王矣。百姓皆以王为爱[8]也，臣固知王之不忍也。"

王曰："然。诚有百姓者。齐国虽褊[9]小，吾何爱一牛？即不忍其觳觫，若无罪而就死地，故以羊易之也。"

曰："王无异[10]于百姓之以王为爱也。以小易大，彼恶知之？王若隐[11]其无罪而就死地，则牛羊何择焉？"

王笑曰："是诚何心哉？我非爱其财。而易之以羊也，宜乎百姓之谓我爱也。"

曰："无伤⑫也，是乃仁术也，见牛未见羊也。君子之于禽兽也，见其生，不忍见其死；闻其声，不忍食其肉。是以君子远庖厨⑬也。"

【注释】

① 齐宣王：姓田，名辟疆。齐威王的儿子，齐湣王的父亲，约公元前 319 年至 301 年在位。

② 齐桓、晋文：指齐桓公、晋文公。齐桓公，春秋时齐国国君，姓姜，名小白。公元前 685 年至前 643 年在位，是春秋时第一个霸主。晋文公，春秋时晋国国君，姓姬，名重耳，公元前 636 至前 628 年在位，"春秋五霸"之一。

③ 无以：不得已，"以"同"已"。

④ 胡龁：人名，齐宣王身边的近臣。

⑤ 之：动词，去，往。

⑥ 衅钟：新钟铸成，杀牲取血涂抹钟的孔隙，用来祭祀。按照古代礼仪，凡是国家某件新器物或宗庙开始使用时，都要杀牲取血加以祭祀。

⑦ 觳 (hù) 觫 (sù): 因恐惧而战栗的样子。

⑧ 爱：吝啬。

⑨ 褊 (piān)：狭小。

⑩ 异：动词，奇怪，责怪。

⑪ 隐：疼爱，可怜。

⑫ 无伤：没有关系，不要紧。

⑬ 庖厨：厨房。

【译文】

齐宣王问道："齐桓公、晋文公在春秋时代称霸的事情，您可以讲给我听听吗？"

孟子回答说："孔子的学生没有谈论齐桓公、晋文公称霸之事的，所以没有传到后代来，我也没有听说过。大王如果一定要我说。那我就说说用道德来统一天下的王道吧？"

宣王问："道德怎么样就可以统一天下了呢？"

孟子说："一切为了让老百姓安居乐业。这样去统一天下，就没有谁能够阻挡了。"

宣王说："像我这样的人能够让老百姓安居乐业吗？"

孟子说："能够。"

宣王说："凭什么知道我能够呢？"

孟子说："我曾经听胡龁告诉过我一件事，说是大王您有一天坐在大殿上有人牵着牛从殿下走过，您看到了，便问：'把牛牵到哪里去？'牵牛的人回答：'准备杀了取血祭钟。'您便说：'放了它吧！我不忍心看到它那害怕得发抖的样子，就像毫无罪过却被到处死刑一样。'牵牛的人问：'那就不祭钟了吗？'您说：'怎么可以不祭钟呢？用羊来代替牛吧！'——不知道有没有这件事？"

宣王说："是有这件事。"

孟子说："凭大王您有这样的仁心就可以统一天下了。老百姓听说这件事后都认为您是吝啬，我却知道您不是吝啬，而是因为不忍心。"

宣王说："是，确实有的老百姓这样认为。不过，我们齐国虽然不大，但我怎么会吝啬到舍不得一头牛的程度呢？我实在是不忍心看到它害怕得发抖的样子，就像毫无罪过却

被判处死刑一样，所以用羊来代替它。”

孟子说：“大王也不要责怪老百姓认为您吝啬。他们只看到您用小的羊去代替大的牛，哪里知道其中的深意呢？何况，大王如果可怜它毫无罪过却被宰杀，那牛和羊又有什么区别呢？”

宣王笑着说：“是啊，这一点连我自己也不知道到底是一种什么心理了。我的确不是吝啬钱财才用羊去代替牛的，不过，老百姓这样认为，的确也有他们的道理啊。”

孟子说：“没有关系。大王这种不忍心正是仁慈的表现，只因为您当时亲眼见到了牛而没有见到羊。君子对于飞禽走兽，见到它们活着，便不忍心见到它们死去；听到它们哀叫，便不忍心吃它们的肉。所以，君子总是远离厨房。”

六、不为者与不能者

王说[①]曰：“《诗》云[②]：‘他人有心，予忖度[③]之。’夫子之谓也。夫我乃行之，反而求之，不得吾心。夫子言之，于我心有戚戚[④]焉。此心之所以合于王者，何也？”

曰：“有复于王者曰：‘吾力足以举百钧[⑤]’，而不足以举一羽；‘明足以察秋毫之末[⑥]’，而不见舆薪[⑦]，则王许[⑧]之乎？”

曰："否。"

"今恩足以及禽兽，而功不至于百姓者，独何与？然则一羽之不举，为不用力焉；舆薪之不见，为不用明焉，百姓之不见保，为不用恩焉。故王之不王，不为也，非不能也。"

曰："不为者与不能者之形⑨何以异？"曰："挟太山以超北海⑩，语人曰'我不能'，是诚不能也。为长者折枝，语人曰'我不能'，是不为也，非不能也。故王之不王，非挟太山以超北海之类也；王之不王，是折枝之类也。"

"老吾老，以及人之老；幼吾幼，以及人之幼⑪。天下可运于掌⑫。《诗》云⑬：'刑于寡妻⑭，至于兄弟，以御⑮于家邦。'言举斯心加诸彼而已。故推恩足以保四海，不推恩无以保妻子。古之人所以大过人者无他焉，善推其所为而已矣。今恩足以及禽兽，而功不至于百姓者，独何与？"

"权⑯，然后知轻重；度，然后知长短。物皆然，心为甚。王请度之！抑⑰王兴甲兵，危士臣，构怨⑱于诸侯，然后快于心与？"

王曰："否。吾何快于是？将以求吾所大欲也。"

【注释】

①说：同"悦"。

②《诗》云：引自《诗经·小雅·巧言》。

③忖度：猜测，揣想。

④戚戚：心有所动的感觉。

⑤钧：古代重量单位，三十斤为一钧。

⑥秋毫之末：指细微难见的东西。

⑦舆：车子。薪：木柴。

⑧许：赞许，同意。

⑨形：情况，状况。

⑩太山：泰山。北海：渤海。

⑪老吾老幼吾幼：第一个“老”和“幼”都作动词用，老：尊敬；幼：爱护。

⑫运于掌：在手心里运转，比喻治理天下很容易。

⑬《诗》云：以下三句引自《诗经·大雅·思齐》。

⑭刑：同“型”，指树立榜样，做示范。寡妻：国君的正妻。

⑮御：治理。

⑯权：本指秤锤，这里用作动词，指称物。

⑰抑：选择连词，相当于现代汉语的“还是”。

⑱构怨：结怨，构成仇恨。

【译文】

齐宣王很高兴地说：“《诗经》说：‘别人有什么心思，我能揣测出。’这就是说的先生您吧。我自己这样做了，反过来想想为什么要这样做，却说不出所以然来。倒是您老人家这么一说，我的心便豁然开朗了。但您说我的这种心态与用道德统一天下的王道相合又怎么理解呢？”

孟子说：“假如有人来向大王报告说：‘我的力量能够举得起三千斤，却拿不起一根羽毛；视力能够看得清秋天毫毛的末梢，却看不见摆在眼前的一车柴草。’大王您会相信他的话吗？”

宣王说：“当然不会相信。”

孟子便接着说：“如今大王您的恩惠能够施及动物，却偏偏不能够施及老百姓，是为什么呢？一根羽毛拿不起，是不愿意用力气拿的缘故；一车柴草看不见，是不愿意用眼睛看的缘故；老百姓不能安居乐业，是君王不愿意施恩惠的缘故。所以大王您没有能够用道德来统一天下，是不愿意做，而不是做不到。”

宣王说：“不愿意做和做不到有什么区别呢？”

孟子说：“要一个人把泰山夹在胳膊下跳过北海，这人告诉人说：‘我做不到。’这是真的做不到。要一个人为老年人折一根树枝这人告诉人说：‘我做不到。’这是不愿意做，而不是做不到。大王您没有做到用道德来统一天下，不是属于把泰山夹在胳膊下跳过北海的一类，而是属于为老年人折树枝的一类。

“尊敬自己的老人，并由此推广到尊敬别人的老人；爱护自己的孩子，并由此推广到爱护别人的孩子。做到了这一点，整个天下便会像在自己的手掌心里运转一样容易治理了。《诗经》说：‘先给妻子做榜样，再推广到兄弟，再推广到家族和国家。’说的就是要把自己的心推广到别人身上去。所以，推广恩德足以安定天下，不推广恩德连自己的妻子儿女都保不了。古代的圣贤之所以能远远超过一般人，没有别的什么，不过是善于推广他们的好行为罢了。如今大王您的恩惠能够施及动物，却不能够施及老百姓，偏偏是为什么呢？

“称一称才知道轻重，量一量才知道长短，什么东西都是如此，人心更是这样。大王您请考虑考虑吧！难道真要发动全国军队，是将士冒着生命危险，去和别的国家结下仇怨，这样您的心里才痛快吗？”

宣王说：“不，我为什么这样做心里才痛快呢？我只不过想实现我心里的最大愿望啊。”

七、缘木求鱼

曰："王之所大欲可得闻与？"

王笑而不言。

曰："为肥甘不足于口与？轻暖不足于体与？抑为采色[①]不足视于目与？声音不足听于耳与？便嬖[②]不足使令于前与？王之诸臣皆足以供之，而王岂为是哉？"

曰："否。吾不为是也。"

曰："然则王之所大欲可知已。欲辟[③]土地，朝[④]秦楚，莅[⑤]中国而抚四夷也。以若所为，求若所欲[⑥]，犹缘木而求鱼也。"

王曰："若是其甚与？"

曰："殆[⑦]有甚焉。缘木求鱼，虽不得鱼，无后灾。以若所为，求若所欲，尽心力而为之，后必有灾。"

曰："可得闻与？"

曰："邹[⑧]人与楚[⑨]人战，则王以为孰胜？"

曰："楚人胜。"

曰："然则小固不可以敌大，寡固不可以敌众，弱固不可以敌强。海内之地方千里者九，齐集有其一。以一服八，何以异于邹敌楚哉？盍[⑩]亦反其本矣。

"今王发政施仁，使天下仕者皆欲立于王之朝，耕者皆欲耕于王之野，商贾皆欲藏于王之市，行旅皆欲出于王之涂[11]，天下之欲疾其君者皆欲赴愬[12]于王。其若是，孰能御之？”

【注释】

①采色：即彩色。

②便(pián)嬖(bì)：君王左右被宠爱的人。

③辟：开辟。

④朝：使动用法，使……来朝。

⑤莅(lì)：临。

⑥若：人称代词，你。

⑦殆：副词，表示不肯定，有“大概”、“几乎”、“可能”等多种含义。

⑧邹：国名，就是当时的邾国，国土很少，首都在今山东邹县东南的郲城。

⑨楚：即楚国，春秋和战国时期都是大国。

⑩盍：“何不”的合音字，“为什么不”的意思。

⑪涂：同“途”。

⑫愬(sù)：通“诉”，控告。

【译文】

孟子说：“大王的最大愿望是什么呢？可以讲给我听听吗？”

齐宣王笑了笑，却不说话。

孟子便说：“是为了肥美的食物不够吃吗？是为了轻暖的衣服不够穿吗？还是为了艳丽的色彩不够看呢？是为了美妙的音乐不够听吗？还是为了身边伺候的人不够使唤呢？这些，您手下的大臣都能够尽量给您提供，难道您还真是为了这些吗？”

宣王说："不，我不是为了这些。"

孟子说："那么，您的最大愿望便可以知道了，您是想要扩张国土，使秦、楚这些大国都来朝贡您，自己君临中国，安抚四方落后的民族。不过，以您现在的做法来实现您现在的愿望，就好像爬到树上去捉鱼一样。"

宣王说："竟然有这样严重吗？"

孟子说："恐怕比这还要严重哩。爬上树去捉鱼，虽然捉不到鱼，却也没有什么后患。以您现在的做法来实现您现在的愿望，费劲心力去干，一定会有灾祸在后头。"

宣王说："可以把道理说给我听听吗？"

孟子说："假定邹国和楚国打仗，大王认为哪一国会打胜呢？"

宣王说："当然是楚国胜。"

孟子说："显然，小国的确不可以与大国为敌，人口很少的国家的确不可以与人口众多的国家为敌，弱国的确不可以与强国为敌。中国的土地，方圆千里的共有九块，齐国不过占有其中一块罢了。想用这一块去征服其他八块，这跟邹国和楚国打仗有什么区别呢？大王为什么不回过来好好想一想，从根本上着手呢？"

"现在大王如果能施行仁政，使天下做官的人都想到您的朝廷上来做官，天下的农民都想到您的国家来种地，天下做生意的人都想到您的国家来做生意，天下旅行的人都想到您的国家来旅行，天下痛恨本国国君的人都想到您这儿来控诉。果真做到了这些，还有谁能够与您为敌呢？"

八、衣食足而知礼仪

王曰："吾惛[1]，不能进于是矣。愿夫子辅吾志，明以教我，我虽不敏，请尝试之。"

曰："无恒产[2]而有恒心者，惟士为能。若[3]民，则无恒产，因无恒心。苟无恒心，放辟邪侈[4]无不为已。及陷于罪，然后从而刑之是罔民[5]也。焉有仁人在位罔民而可为也？是故明君制[6]民之产，必是仰足以事父母，俯足以畜妻子；乐岁终身饱，凶年免于死亡。然后驱而之善，故民之从之也轻[7]。

"今也制民之产，仰不足以事父母，俯不足以畜妻子；乐岁终身苦，凶年不免于死亡。此惟救死而恐不赡[8]，奚暇[9]礼仪哉？

"王欲行之则盍反其本矣？五亩之宅，树之以桑，五十者可以衣帛矣。鸡豚狗彘之畜，无失其时，七十者可以食肉矣。百亩之田，勿夺其时，八口之家可以无饥矣。谨庠畜之教，申之以孝悌之义，斑白者不负戴于道路矣。老者衣锦食肉，黎民不饥不寒，然而不王者，未之有也。"

【注释】

① 惛：同"昏"，昏乱，糊涂。

② 恒产：可以赖以维持生活的固定财产。如土地、田园、林木、牧畜等。

③若：转折连词，至于。

④放：放荡。辟：同“僻”与“邪”的意思相近，均指歪门邪道；侈：放纵挥霍。放辟邪侈，指放纵邪欲违法乱纪。

⑤罔：同“网”，有陷害的意思。

⑥制：订立制度、政策。

⑦轻：轻松，容易。

⑧赡：足够，充足。

⑨奚暇：怎么顾得上。奚，疑问词，怎么，哪有。暇，余暇，空闲。

【译文】

齐宣王说：“我头脑昏乱，对您的说法不能作进一步的领会。希望先生开导我的心志，更明确的教我。我虽然不聪明，也不妨试它一试。”

孟子说：“没有固定的产业收入却有固定的道德观念，只有读书人才能做到，至于一般老百姓，如果没有固定的产业收入，也就没有固定的道德观念。一旦没有固定的道德观念，那就会胡作非为，什么事都做得出来。等到他们犯了罪，然后才去加以处罚，这等于是陷害他们。哪里有仁慈的人在位执政却去陷害百姓的呢？所以，贤明的国君制定产业政策，一定要让他们上足以赡养父母，下足以抚养妻子儿女；好年成丰衣足食，坏年成也不致饿死。然后督促他们走善良的道路，老百姓也就很容易听从了。

“现在各国的国君制定老百姓的产业政策，上不足以赡养父母，下不足以抚养妻子儿女；好年成尚且艰难困苦，坏年成更是性命难保。到了这个地步，老百姓连保命都恐怕来不及哩，哪里还有什么工夫来修养礼仪呢？

“大王如果想施行仁政，为什么不从根本上着手呢？在五亩大的宅园中种上桑树，五十岁以上的老人都可以穿上丝绵衣服了。鸡狗猪等家禽家畜好好养起来，七十岁以上的老人都可以有肉吃了。百亩的耕地，不要去妨碍他们的生产，八口人的家庭都可以吃得饱饱的了。认真地兴办学校，用孝顺父母尊敬兄长的道理反复教导学生，头发斑白的人也就不会在路上负重行走了。老年人有丝绵衣服穿，有肉吃，一般老百姓吃得饱，穿得暖，这样还不能使天下归服，是从来没有过的。”

九、小勇与大勇

齐宣王问曰：“交邻国有道乎？”

孟子对曰：“有。惟仁者为能以大事小，是故汤事葛[①]，文王事昆夷[②]；惟智者为能以小事大，故大王事獯鬻[③]，勾践事吴[④]。以大事小者，乐天者也；以小事大者，畏天者也。乐天者保天下，畏天者保其国。《诗》云[⑤]：‘畏天之威，于时保之。’”

王曰：“大哉言矣！寡人有疾，寡人好勇。”

对曰：“王请无好小勇。夫抚剑疾视曰，‘彼恶敢当我哉’！此匹夫之勇，敌一人者也。王请大之！

"《诗》云[6]：'王赫斯[7]怒，爰[8]整其旅，以遏徂莒[9]，以笃周祜[10]，以对于天下。'此文王之勇也。文王一怒而安天下之民。

"《书》曰[11]：'天降下民，作之君，作之师。惟曰其助上帝宠之。四方有罪无罪，惟我在，天下曷敢有越厥[12]志？'一人衡行[13]于天下，武王耻之。此武王之勇也。而武王亦一怒而安天下之民。今王亦一怒而安天下之民，民惟恐王之不好勇也。"

【注释】

① 汤事葛：汤，商汤，商朝的创建人。葛，葛伯，葛国的国君。葛国是商紧邻的小国，故城在今河南宁陵北十五里处。

② 文王事昆夷：文王，周文王。昆夷，也写作"混夷"，周朝初年的西戎国名。

③ 太王事獯鬻（xūnyù）：太王，周文王的祖父，即古公亶父。獯鬻又称猃狁（xiǎnyǔn），当时北方的少数民族。

④ 勾践：春秋时越国国君（公元前497年至前465年在位）。吴：指春秋时吴国国君夫差。

⑤《诗》云：以下诗句引自《诗经·周颂·我将》。

⑥《诗》云：以下诗句引自《诗经·大雅·皇矣》。

⑦ 赫斯：发怒的样子。

⑧ 爰：语首助词，无义。

⑨ 遏：止；徂（cú）：往，到。莒：古国名，在今山东莒县，公元前431年被楚国消灭。

⑩ 笃：厚；祜：福。

⑪《书》曰：《书》即《尚书》，以下引文见伪《古文尚书·周书·泰誓》。

⑫ 厥：用法同"其"。

⑬衡行：即“横行”。

【译文】

齐宣王问道：“和邻国交往有什么讲究吗？”

孟子回答说：“有。只有有仁德的人才能够以大国的身份侍奉小国，所以商汤侍奉大国，周文王侍奉昆夷。只有有智慧的人才能够以小国的身份侍奉大国，所以周太王侍奉獯鬻，越王勾践侍奉吴王夫差。以大国身份侍奉小国的，是以天命为乐的人；以小国身份侍奉大国的，是敬畏天命的人。以天命为乐的人安定天下，敬畏天命的人安定自己的国家。《诗经》说：‘畏惧上天的威灵，因此才能够安定。’”

宣王说：“先生的话可真高深呀！不过，我有个毛病，就是逞强好勇。”

孟子说：“那就请大王不要好小勇。有的人动辄按剑瞪眼说：‘他怎么敢抵挡我呢？’这其实只是匹夫之勇，只能与个把人较量。大王请不要喜好这样的匹夫之勇！

“《诗经》说：‘文王义愤激昂，发令调兵遣将，把侵略莒国的敌军阻挡，增添了周国的吉祥，不辜负天下百姓的期望。’这是周文王的勇。周文王一怒便使天下百姓都得到安定。

“《尚书》说：‘上天降生了老百姓，又替他们降生了君王，降生了师表，这些君王和师表的唯一责任，就是帮助上帝来爱护老百姓。所以，天下四方的有罪者和无罪者，都由我来负责，普天之下，何人敢超越上帝的意志呢？’所以，只要有一人在天下横行霸道，周武王便感到羞耻。这是周武王的勇。周武王也是一怒便使天下百姓都得到安定。如今大王如果也做到一怒便使天下百姓都得到安定，那么，老百姓就会唯恐大王不喜好勇了啊。”

十、乐以天下，忧以天下

齐宣王见孟子于雪宫①。王曰：“贤者亦有此乐乎？”

孟子对曰：“有。人不得，则非②其上矣。不得而非其上者，非③也；为民上而不与民同乐者，亦非也。乐民之乐者，民亦乐其乐；忧民之忧者，民亦忧其忧。乐以天下，忧以天下，然而不王者，未之有也。

“昔者齐景公④问于晏子⑤曰：‘吾欲观于转附、朝舞⑥，遵海而南，放于琅邪⑦。吾何修而可以比于先王观也？’

“晏子对曰：‘善哉问也！天子适诸侯曰巡狩，巡狩者，巡所守也；诸侯朝于天子曰述职，述职者，述所职也。无非事者。春省耕而补不足，秋省敛而助不给。夏谚曰：“吾王不游，吾何以休？吾王不豫⑧，吾何以助？一游一豫，为诸侯度。”今也不然：师行而粮食，饥者弗食，劳者弗息。睊睊胥谗⑨，民乃作慝⑩。方命⑪虐民，饮食若流。流连荒亡，为诸侯忧。从流下而忘反谓之流，从流上而忘反谓之连，从兽无厌谓之荒，乐酒无厌谓之亡。先王无流连之乐，荒亡之行。惟君所行也。’

“景公悦，大戒⑫于国，出舍于郊。于是始兴发补不足。召大师⑬曰：‘为我作君臣相说之乐！’盖《徵招》、《角招》⑭是也。其诗曰：‘畜君何尤⑮？’畜君者，好君也。”

【注释】

① 雪宫：齐宣王的离宫（古代帝王在正宫以外临时居住的宫室，相当于当今的别墅之类）。

② 非：动词，认为……非，即非难，埋怨。

③ 非：不对，错误。

④ 齐景公：春秋时代齐国国君，公元前 547 年至前 490 年在位。

⑤ 晏子：春秋时齐国贤相，名婴，《晏子春秋》一书记载了他的事迹和学说。

⑥ 转附、朝舞：均为山名。

⑦ 琅邪：山名，在今山东省诸城东南。

⑧ 豫：义同“游”。

⑨ 睊睊：因愤恨侧目而视的样子；

⑩ 胥：皆，都；谗：毁谤，说坏话。慝：恶。

⑪ 方命：违反命令。方，反，违反。

⑫ 大戒：充分的准备。

⑬ 大师：读为“太师”，古代的乐官。

⑭《徵招》、《角招》：徵与角是古代五音（宫、商、角、徵、羽）中的两个。招同“韶”，乐曲名。

⑮ 蓄：爱好，喜爱。尤：错误，过失。

【译文】

齐宣王在别墅雪宫里接见孟子。宣王说：“贤人也有在这样的别墅里居住游玩的快乐吗？”

孟子回答说："有。人们要是得不到这种快乐，就会埋怨他们的国君。得不到这种快乐就埋怨国君是不对的；可是作为老百姓的领导人而不与民同乐也是不对的。国君以老百姓的忧愁为忧愁，老百姓也会以国君的有愁为忧愁。以天下人的快乐为快乐，以天下人的忧愁为忧愁，这样还不能这样还不能够使天下归服，是没有过的。

"从前齐景公问晏子说：'我想到转附、朝舞两座山去观光游览，然后沿着海岸向南行，一直到琅邪。我该怎样做才能够和古代圣贤君王的巡游相比呢？'

"晏子回答说：'问得好呀！天子到诸侯国家去叫做巡狩。巡狩就是巡视各诸侯所守疆土的意思。诸侯去朝见天子叫述职。述职就是报告在他职责内的工作的意思。没有不和工作有关系的。春天里巡视耕种情况，对粮食不够吃的给予补助；秋天里巡视收获情况，对歉收的给予补助。夏朝的谚语说："我王不出来游历，我怎么能得到休息？我王不出来巡视，我怎么能得到赏赐？一游历一巡视，足以作为诸侯的法度。"现在可不是这样了，国君一出游就兴师动众，索取粮食。饥饿的人得不到粮食补助，劳苦的人得不到休息。大家侧目而视，怨声载道，违法乱纪的事情也就做出来了。这种出游违背天意，虐待百姓，大吃大喝如同流水一样浪费。真是流连荒亡，连诸侯们都为此而忧虑。什么叫流连荒亡呢？从上游向下游的游玩乐而忘返叫做流；从下游向上游的游玩乐而忘返叫做连；打猎不知厌倦叫做荒；嗜酒不加节制叫做亡。古代圣贤君王既无流连的享乐，也无荒亡的行为。至于大王您的行为，只有您自己选择了。'

"齐景公听了晏子的话，非常高兴，先在都城内作了充分的准备，然后驻扎在郊外，打开仓库赈济贫困的人。又召集乐官说：‘给我创作一些君臣同乐的乐曲！’这就是《徵招》《角招》。其中的歌词说：‘畜君有什么不对的呢？’‘畜君’，就是热爱国君的意思。”

十一、寡人有疾

齐宣王问曰：“人皆谓我毁明堂[①]。毁诸？已乎[②]？”

孟子对曰：“夫明堂者，王者之堂也。王欲行王政，则勿毁之矣。”

王曰：“王政可得闻与？”

对曰：“昔者文王之治岐[③]也，耕者九一[④]，仕者世禄，关市讥而不征[⑤]，泽梁[⑥]无禁，罪人不孥[⑦]。老而无妻曰鳏，老而无夫曰寡，老而无子曰独，幼而无父曰孤。此四者，天下之穷民而无告者。文王发政施仁，必先斯四者。《诗》云：‘哿矣富人，哀此茕独[⑧]。’”

王曰：“善哉言乎！”

曰：“王如善之，则何为不行？”

王曰：“寡人有疾，寡人好货。”

对曰：“昔者公刘[⑨]好货；《诗》云[⑩]：‘乃积乃仓，乃裹糇粮[⑪]，于橐于囊[⑫]。思戢用光[⑬]。弓矢斯张，干戈戚扬[⑭]，爰方启行[⑮]。’故居者有积仓，行者有裹粮也，然后可以爰方启行。王如好货，与百姓同之，于王何有？”

王曰："寡人有疾，寡人好色。"

对曰："昔者大王好色，爱厥[16]妃。《诗》云[17]：'古公亶父[18]，来朝走马，率西水浒[19]，至于岐下。爰及姜女[20]，聿来胥宇[21]。'当是时也，内无怨女，外无旷夫[22]。王如好色，与百姓同之，于王何有？"

【注释】

① 明堂：为天子接见诸侯而设的建筑。这里是指泰山明堂，是周天子东巡时设，至汉代还有遗址。

② 已：止，不。

③ 岐：地名，在今陕西岐山县一带。

④ 耕者九一：指井田制。把耕地划成井字形，每井九百亩，周围八家各一百亩，属私田，中间一百亩属公田，由八家共同耕种，收入归公家，所以叫九一税制。

⑤ 关：道路上的关卡，近于现代"海关"的概念。市：集市。讥：稽查。征：征税。

⑥ 泽梁：在流水中拦鱼的设备。

⑦ 孥（nǔ）：本指妻子儿女，这里用作动词，不孥即指不牵连妻子儿女。

⑧ 哿（gě）矣富人，哀此茕（qióng）独：引自《诗经·小雅·正月》。哿：可以，茕：孤单。

⑨ 公刘：人名，后稷的后代，周朝的创业始祖。

⑩《诗》云：引自《诗经·大雅·公刘》。

⑪ 堠（hóu）粮：干粮。

⑫ 橐（tuó）囊：都是盛物的东西，囊大橐小。

⑬ 思：语气词，无义。戢：同"辑"，和睦。用：因而。光：发扬光大。

⑭ 干戈戚扬：干、戈、戚、扬，指古代的四种兵器。

⑮ 爰方启行：爰，于是；方，开始；启行：出发。

⑯ 厥：代词，他的，那个。

⑰《诗》云：引自《诗经·大雅·绵》。

⑱ 古公亶父：即周文王的祖父周太王。

⑲ 率：循者。浒：水边。

⑳ 爰：语首词，无义。姜女：太王的妃子。也称太姜。

㉑ 聿：语首词，无义。胥：动词，省视，视察。宇：屋宇。

㉒ 怨女：未出嫁的老处女。旷夫：未娶妻的单身汉。古代女子居内，男子居外，所以以内外代指。

【译文】

齐宣王问道："别人都建议我拆毁明堂，究竟是拆毁好呢？还是不拆毁好呢？

孟子回答说："明堂是施行王政的殿堂。大王如果想施行王政，就请不要拆毁它吧。"

宣王说："可以把王政说给我听听吗？"

孟子回答说："从前周文王治理岐山的时候，对农民的税率是九分抽一；对于做官的人是给予世代承袭的俸禄；在关卡和市场上只稽查，不征税；任何人到湖泊捕鱼都不禁止；对罪犯的处罚不牵连妻子儿女。失去妻子的老年人叫做鳏夫；失去丈夫的老年人叫做寡妇；没有儿女的老年人叫做独老；失去父亲的儿童叫做孤儿。这四种人是天下穷苦无靠的人。文王实行仁政，一定最先考虑到他们。《诗经》说：'有钱人是可以过得去了，可怜那些无依无靠的孤人吧。"

宣王说："说得好呀！"

孟子说："大王如果认为说得好，为什么不这样做呢？"

宣王说："我有个毛病，我喜爱钱财。"

孟子说："从前公刘也喜爱钱财。《诗经》说：'收割粮食装满仓，备好充足的干粮，装进小袋和大囊。紧密团结争荣光，张弓带箭齐武装。盾戈斧钺拿手上，开始动身向前方。'因此留在家里的人有谷物，行军的人有干粮，这才能够率领军队前进。大王如果喜爱钱财，能想到老百姓也喜爱钱财，这对施行王政有什么影响呢？"

宣王说："我还有个毛病，我喜爱女色。"

孟子回答说："从前周太王也喜爱女色，非常爱他的妃子。《诗经》说：'周太王古公亶父，一大早驱驰快马。沿着西边的河岸，一直走到岐山下。带着妻子姜氏女，勘察地址建新居。'那时，没有找不到丈夫的老处女，也没有找不到妻子的老光棍。大王如果喜爱女色，能想到老百姓也喜爱女色，这对施行王政有什么影响呢？"

十二、王顾左右而言他

孟子谓齐宣王曰："王之臣有托其妻子于其友，而之楚游者。比其反也①，则②冻馁其妻子，则如之何？"

王曰："弃之。"

曰："士师③不能治士，则如之何？"

王曰："已之。"

曰："四境之内不治，则如之何？"王顾左右而言他。

【注释】

①比：及，至，等到。反：同"返"。

②则：这里的用法是表示事情的结果。

③士师：司法官。

【译文】

孟子对齐宣王说："如果大王您有一个臣子把妻子儿女托付给他的朋友照顾，自己出游楚国去了。等他回来的时候，他的妻子儿女却在挨饿受冻。对待这样的朋友，应该怎么办呢？"

齐宣王说："和他绝交！"

孟子说："如果您的司法官不能管理他的下属，那应该怎么办呢？”

齐宣王说：“撤他的职！”

孟子又说：“如果一个国家治理得很糟糕，那又该怎么办呢？”

齐宣王左右张望，把话题扯到一边去了。

十三、民悦则取之

齐人伐燕[①]，胜之。宣王问曰：“或谓寡人勿取，或谓寡人取之。以万乘之国伐万乘之国，五旬而举之[②]，人力不至于此。不取，必有天殃[③]。取之，何如？”

孟子对曰：“取之而燕民悦，则取之。古之人有行之者，武王是也[④]。取之而燕民不悦，则勿取。古之人有行之者，文王是也[⑤]。以万乘之国伐万乘之国，箪食壶浆[⑥]，以迎王师。岂有他哉？避水火也。如水益深，如火益热，亦运[⑦]而已矣。”

【注释】

① 齐人伐燕：公元前315年（齐宣王五年），燕王哙将燕国让给他的相国子之，国人不服气，将军市被和太子平进攻子之，子之反攻，杀死了市被和太子平，国内一片混乱。齐宣王趁机进攻燕国，很快就取得了胜利。

② 五旬而举之：据《战国策．燕策》记载，当齐国的军队攻打燕国时，燕国“士

卒不战，城门不闭”，因此齐国军队五十天就攻进了燕国的首都，杀死了燕王哙和子之。

③ 不取，必有天殃：因齐宣王认为他攻打燕国太顺利，“人力不至于此”，是天意。所以，如果不占领它就是违背天意，必有灾殃。这是当时流行的观念。

④ 武王是也：指武王灭纣。

⑤ 文王是也：指文王已三分天下有其二，但仍然服事奉商而没有造反。

⑥ 箪：盛饭的竹筐。食：饭。浆：米酒。

⑦ 运：转。

【译文】

齐国人攻打燕国，大获全胜。齐宣王问道：“有人劝我不要占领燕国，有人又劝我占领它。我觉得，以一个拥有万辆兵车的大国去攻打一个同样拥有万辆兵车的大国，只用了五十天就打下来了，光凭人力是做不到的呀。如果我们不占领它，一定会遭到天灾吧。占领它，怎么样？”

孟子回答说：“占领它而使燕国的老百姓高兴，那就占领它。古人有这样做的，周武王便是。占领它而使燕国的老百姓不高兴，那就不要占领它。古人有这样做的，周文王便是。以齐国这样一个拥有万辆兵车的大国去攻打燕国这样一个同样拥有万辆兵车的大国，燕国的老百姓却用饭筐装着饭，用酒壶盛着酒浆来欢迎大王您的军队，难道有别的什么原因吗？不过是想摆脱他们那水深火热的日子罢了。如果您让他们的水更深，火更热，那他们也就会转而去求其他的出路了。”

十四、进退存乎民心

齐人伐燕，取之。诸侯将谋救燕。宣王曰：“诸侯多谋伐寡人者，何以待之？”

孟子对曰：“臣闻七十里为政者，汤是也。未闻以千里畏人者。《书》曰：‘汤一征，自葛始①。’天下信之，东面而征，西夷怨；南面而征，北狄怨。曰：‘奚为后我？’民望之，若大旱之望云霓②也。归市者③不止，耕者不变。诛其君而吊④其民。若时雨降，民大悦。《书》曰：‘徯我后⑤，后来其苏⑥！’今燕虐其民，王往而征之，民以为将拯己于水火之中也，箪食壶浆以迎王师。若杀其父兄，系累⑦其子弟，毁其宗庙，迁其重器⑧，如之何其可也。王天下固畏齐之强也，今又倍地而不行仁政，是动天下之兵也。王速出令，反其旄倪⑨，止其重器，谋于燕众，置君而后去之，则犹可及止也。”

【注释】

① 汤一征，自葛始：《尚书》的逸文。

② 云霓：霓，虹霓。虹霓在清晨出现于西方是下雨的征兆。

③ 归市者：指做生意的人。

④ 吊：这里是安抚、慰问的意思。

⑤ 徯（xī）：等待。后：王，君主。

⑥ 后来其苏：君王来了就会有起色。苏：恢复，苏醒，复活。

⑦ 系累：束缚，捆绑。

⑧ 重器：指贵重的祭器。

⑨ 旄倪：旄，通“耄”，八十、九十岁的人叫做耄，这里通指老年人。倪，指小孩子。

【译文】

齐国人攻打燕国，占领了它。一些诸侯国在谋划着要用救助燕国。齐宣王说：“不少诸侯在谋划着要来攻打我，该怎么办呢？”

孟子回答说：“我听说过，有凭借着方圆七十里的国土就统一天下的，商汤就是。却没有听说过拥有方圆千里的国土而害怕别国的。《尚书》说：‘商汤征伐，从葛国开始。’天下人都相信了。所以，当他向东方进军时，西边国家的老百姓便抱怨；当他向南方进军时，北边国家的老百姓便抱怨，都说：‘为什么把我们放到后面呢？’老百姓盼望他，就像久旱盼乌云和虹霓一样。这是因为汤的征伐一点也不惊扰百姓。做生意的照常做生意，种地的照常种地。只是诛杀那些暴虐的国君来抚慰那些受害的老百姓。就像天上下了及时雨一样，老百姓非常高兴。《尚书》说：‘等待我们的王，他来了，我们也就复活了！’如今，燕国的国君虐待老百姓，大王您的军队去征伐他，燕国的老百姓以为您是要把他们从水深火热中拯救出来，所以用饭筐装着饭，用酒壶盛着酒浆来欢迎您的军队。可您却杀死他们的父兄，抓走他们的子弟，毁坏他们的宗庙，抢走他们宝器，这怎么能够使他们容忍呢？天下各国本来就害怕齐国强大，现在齐国的土地又扩大了一倍，而且还不施行仁政，这就必然会激起天下各国兴兵。大王您赶快发出命令，放回燕国老老小小的俘虏，停止搬运燕国的宝器，再和燕国的各界人士商议，为他们选立一位国君，然后从燕国撤回齐国的军队。这样做，还可以来得及制止各国兴兵。”

十五、出尔反尔

邹与鲁哄[①]。穆公[②]问曰：“吾有司死者三十三人，而民莫之死也。诛之，则不可胜诛；不诛，则疾[④]视其长上之死而不救，如之何则可也？”

孟子对曰：“凶年饥岁，君之民老弱转[⑤]乎沟壑，壮者散而之对方者，几[⑥]千人矣；而君之仓廪实，府库充，有司莫以告，是上慢而残下也。曾子[⑦]曰：‘戒之戒之！出乎尔者，反乎尔者也。’夫民今而后得反之也。君无尤[⑧]焉！君行仁政，斯民亲其上，死其长矣。”

【注释】

① 邹与鲁哄：邹国与鲁国交战。哄，争吵，冲突，交战。

② 穆公：即邹穆公。孟子是邹国人，所以穆公问他。

③ 莫之死：即“莫死之”的倒装。“之”指“有司”。意思是“没有人为他

们而死”。

④疾：憎恨。

⑤转：弃尸的意思。

⑥几：接近，差不多。

⑦曾子：即孔子的学生曾参。

⑧尤：动词，责备、归罪。

【译文】

邹国与鲁国交战。邹穆公对孟子说：“我的官吏死了三十三个，百姓却没有一个为他们而牺牲的。杀他们吧，杀不了那么多；不杀他们吧，又实在恨他们眼睁睁地看着长官被杀而不去营救。到底怎么办才好呢？”

孟子回答说：“灾荒年岁，您的老百姓，年老体弱的弃尸于山沟，年轻力壮的四处逃荒，差不多有上千人吧；而您的粮仓里堆满粮食，货库里装满财宝，官吏们却从来不向您报告老百姓的情况，这是他们不关心老百姓并且还残害老百姓的表现。曾子说：‘小心啊，小心啊！你怎样对待别人，别人也会怎样对待你。’现在就是老百姓报复他们的时候了。您不要归罪于老百姓吧！只要您施行仁政，老百姓自然就会亲近他们的领导人，肯为他们的长官而牺牲了。”

十六、两大之间难为小

滕文公[1]问曰："滕，小国也，间[2]于齐、楚。事齐乎？事楚乎？"

孟子对曰："是谋非吾所能及也。无已，则有一焉：凿斯池[3]也，筑斯城也，与民守之，效[4]死而民弗去。则是可为也。"

【注释】

① 滕文公：滕国国君。滕国，古国名，西周分封的诸侯国，姬姓，开国国君是周文王的儿子错叔绣。在今山东滕县西南。公元前 414 年被越国灭，不久复国，又被宋国消灭。

② 间：处。

③ 池：城池，也就是护城河。

④ 效：献，致。

【译文】

滕文公问道："滕国是一个小国，处在齐国和楚国两个大国之司。是归服齐国好呢，还是归服楚国好呢？"

孟子回答说："到底归服哪个国家好我也说不清。如果您一定要我谈谈看法，那倒只有另一个办法：把护城河挖深，把城墙筑坚固，与老百姓一起坚守它，宁可献出生命，老百姓也不退去。做到了这样，那就可以有所作为了。”

十七、乘势待时，事半功倍

公孙丑[①]问曰：“夫子当路[②]于齐，管仲、晏子之功，可复许[③]乎？”

孟子曰：“子诚齐人也，知管仲、晏子而已矣。或问乎曾西[④]曰：‘吾子[⑤]与子路孰贤？’曾西蹵然[⑥]曰：‘吾先子[⑦]之所畏也。’曰：‘然则吾子与管仲孰贤？’曾西艴然[⑧]不悦，曰：‘尔何曾[⑨]比予于管仲！管仲得君如彼其专也，行乎国政如彼其久也，功烈如彼其卑也，尔何曾比予于是？’”曰：“管仲，曾西之所不为也，而子为[⑩]我愿之乎？”

曰：“管仲以其君霸，晏子以其君显。管仲、晏子犹不足为与？”

曰：“以齐王，由[⑪]反手也。”

曰：“若是，则弟子之惑滋甚。且以文王之德，百年而后崩[⑫]，犹未洽于天下；武王、周公[⑬]继之，然后大行。今言王若易然，则文王不足法与？”

曰：“文王何可当也！由汤至于武丁，贤圣之君六七作[⑭]，天下归殷久矣，久则难变也。武丁朝诸侯，有天下，犹运之掌也。纣之去武丁未久也，其故家遗俗，流风善风善政，犹有存者；又有微子、微仲、王子比干、箕子、胶鬲——皆贤人也——相与[15]辅相[16]之，故久而后失之也。尺地，莫非其有也；一民，莫非其臣也；然而文王犹方百里起，是以难也。齐人有言曰：‘虽有智慧，不如乘势；虽有鎡基，不如待时[17]。’今时则易然也：夏后、殷、周之盛，地未有过千里者也，而齐有其地矣；鸡鸣狗吠相闻，而达乎四境，而齐有其民矣。地不改辟矣，民不改聚矣，行仁政而王，莫之能御也。且王者之不作，未有疏于此时者也；民这憔悴于虐政，未有甚于此时者也。饥者易为食，渴者易为饮。孔子曰：‘德之流行，速于置邮[18]而传命。’当今之时，万乘之国行仁政，民之悦之，犹解倒悬也。故事半古之人，功必倍之，惟此时为然。”

【注释】

① 公孙丑：孟子的学生，齐国人。

② 当路：当权，当政。

③ 许：兴盛、复兴。

④ 曾西：名曾申，字子西，鲁国人，孔子学生曾参的儿子。

⑤ 吾子：对友人的花色品种称，相当于“吾兄”“老兄”之类。

⑥ 蹵（cù）然：不安的样子。

⑦ 先子：指已逝世的长辈。这里指曾西的父亲曾参。

⑧ 艴（fú）然：恼怒的样子。

⑨ 曾：副词，竟然、居然。

⑩ 为：同“谓”，认为。

⑪ 由：同“犹”，好像。

⑫ 百年而后崩：相传周文王活了九十七岁。百年是泛指寿命很长。

⑬ 周公：名姬旦，周文王的儿子，武王的弟弟，辅助武王伐纣，统一天下，

又辅助成王定乱，安定天下，成为鲁国的始祖。

⑭ 作：在这里为量词，相当于现代口语“起”。

⑮ 相与：双音副词，“共同”的意思。

⑯ 辅相：双音动词，辅助。

⑰ 鎡基：农具，相当于今天的锄头之类。

⑱ 置邮：置和邮都是名词，相当于后代的驿站。

【译文】

公孙丑问道：“先生如果在齐国当权，管仲、晏子的功业可以再度兴盛起来吗？”

孟子说：“你可真是个齐国人啊，只知道管仲、晏子。曾经有人间曾西：‘您和子路相比，哪个更有才能？”曾西不安地说：‘子路可是我父亲所敬畏的人啊，我怎么能和他相比呢？，那人又问：‘那么您和管仲相比，哪个更有才能呢？，曾西马上不高兴起来，说：‘你怎么拿管仲来和我相比呢？管仲受到齐桓公那样信任不疑，行使国家政权那样长久，而功绩却是那样少，你怎么竟拿他来和我相比呢？’”孟子接着说：“管仲是曾西都不愿跟他相比的人，你以为我愿意跟他相比吗？”

公孙丑说：“管仲辅佐桓公称霸天下，晏子辅佐景公名扬诸侯。难道管仲、晏子还不值得相比吗？”

孟子说：“以齐国的实力用王道来统一天下，易如反掌。”

公孙丑说：“您这样一说，弟子我就更加疑惑不解了。以周文王那样的仁德，活了将近一百岁才死，还没有能够统一天下。直到周武王、周公继承他的事业，然后才统一天下。现在您说用王道统一天下易如反掌，那么，连周文王都不值得学习了吗？”

孟子说：“我们怎么可以比得上周文王呢？由商汤到武丁，贤明的君主有六七个，天下人归服殷朝已经很久了，久就难以变动，武丁使诸侯们来朝，统治天下就像在自己的手掌心里运转一样容易。纣王离武丁并不久远，武丁的勋臣世家、良好习俗、传统风尚、慈善政治都还有遗存，又有微子、微仲、王子比干、箕子、胶鬲等一批贤臣共同辅佐，所以能统治很久以后才失去政权。当时没有一尺土地不属于纣王所有，没有一个百姓不属于纣王统治，在那种情况下，文王还只能从方圆百里的小地方兴起，所以是非常困难的。齐国人有句话说：‘虽然有智慧，不如趁形势；虽然有锄头，不如等农时。’现在的时势就很利于用王道统一天下：夏、商、周三代兴盛的时候，没有哪一国的国土有超过方圆千里的，而现在的齐国却超过了；鸡鸣狗叫的声音处处都听得见，一直到四方边境，这说明齐国人口众多。国土不需要新开辟，老百姓不需要新团聚，如果施行仁政来统一天下，没有谁能够阻挡。何况，统一天下的贤君没有出现，从来没有隔过这么久的；老百姓受暴政的压榨，从来没有这么厉害过的。饥饿的人不择食物，口渴的人不择饮料。孔子说：‘道德的流行，比驿站传递政令还要迅速。’现在这个时候，拥有一万辆兵车的大国施行仁政，老百姓的高兴，就像被吊着的人得到解救一样。所以，做古人一半的事，就可以成就古人双倍的功绩。只有这个时候才做得到吧。”

十八、浩然之气

“敢问夫子恶乎长？”①

曰：“我知言，我善养吾浩然②之气。”

“敢问何谓浩然之气？”

曰：“难言也。其为气也，至大至刚，以直养而无害，则塞于天地之间。其为气也，配义与道；无是，馁也。是集义所生者，非义袭而取之也。行有不慊③于心，则馁矣。我故曰，告子④未尝知义，以其外之也。必有事焉，而勿正⑤，心勿忘，勿助长也。元若宋人然：宋人有闵⑥其苗之不长而揠⑦之者，芒芒然⑧归，谓其人⑨曰：‘今日病矣！予助苗长矣！’其子趋而注视之，苗则槁矣。天下之不助苗长者寡矣。以为无益而舍之者，不耘⑪苗者也；助之长者，揠苗者也——非徒无益，而又害之。”

“何谓知言？”

曰：“诐辞⑫知其所蔽，淫辞⑬知其所陷，邪辞知其所离，遁辞⑭知其所穷。——生于其心，害于其政；发于其政，害于其事。圣人复起，必从吾言矣。”

【注释】

① 这一段系节选公孙丑与孟子的对话。问这句话的是公孙丑。

②浩然：盛大而流动的样子。

③慊：快，痛快。

④告子：名不详，可能曾受教于墨子。

⑤正：止。“而勿正”即“而勿止”。

⑥闵：担心，忧愁。

⑦揠：拔。

⑧芒芒然：疲倦的样子。

⑨其人：指他家里的人，

⑩病：疲倦，劳累，

⑪耘：除草。

⑫诐（bì）辞：偏颇的言辞。

⑬淫辞：夸张、过分的言辞。

⑭遁辞：躲闪的言辞。

【译文】

公孙丑说：“请问老师您长于哪一方面呢？”

孟子说：“我善于分析别人的言语，我善于培养自己的浩然之气。”

公孙丑说：“请问什么叫浩然之气呢？”

孟子说：“这很难用一两句话说清楚。这种气，极端浩大，极端有力量，用正直去培养它而不加以伤害，就会充满天地之间。不过，这种气必须与仁义道德相配，否则就会缺乏力量。而且，必须要有经常性的仁义道德蓄养才能生成，而不是靠偶尔的正义行为就能获取的。一旦你的行为问心有愧，这种气就会缺乏力量了。所以我说，告子不懂得义，因为他把义看成心外的东西。我们一定要不断地培养义，心中不要忘记，

但也不要一厢情愿地去帮助它生长。不要像宋人一样：宋国有个人嫌他种的禾苗老是长不高，于是到地里去用手把它们一株一株地拔高，累得气喘吁吁地回家，对他家里人说：‘今天可真把我累坏啦！不过，我总算让禾苗一下子就长高了！’他的儿子跑到地里去一看，禾苗已全部干枯死了。天下人不犯这种拔苗助长错误的是很少的。认为养护庄稼没有用处而不去管它们的，是只种庄稼不除草的懒汉；一厢情愿地去帮助庄稼生长的，就是这种拔苗助长的人——不仅没有益处，反而害死了庄稼。”

公孙丑问：“怎样才算善于分析别人的言语呢？”

孟子回答说：“偏颇的言语知道它片面在哪里；夸张的言语知道它过分在哪里；怪僻的言语知道它离奇在哪里；躲闪的言语知道它理穷在哪里。——从心里产生，必然会对政治造成危害，用于政治，必然会对国家大事造成危害。如果圣人再世，也一定会同意我的活。”

十九、仁则荣，不仁则辱

孟子曰：“仁则荣，不仁则辱；今恶辱而居不仁，是犹恶湿而居下也。如恶之，莫如贵德而尊士，贤者在位，能者在职；国家闲暇[①]，及是时，明其政刑。虽大国，必畏之矣。《诗》云[②]：‘迨[③]天之未阴雨，彻彼桑土[④]，绸缪牖户[⑤]。今此下民[⑥]，或敢侮予？’孔子曰：‘为此诗者，其知道乎！能治其国家，谁敢侮之，’今国家闲暇，及是时，般乐怠敖[⑦]，是自求祸也。祸福无不自己求之者。《诗》云[⑧]：‘永言[⑨]配命民自求多福。’《太甲》[⑩]曰：“天作孽，犹可违[⑪]；自作孽，不可活[⑫]。’此之谓也。”

【注释】

①闲暇：指国家安定无内忧外患。

②《诗》云：引自《诗经·豳风·鸱鸮》。

③迨（dài）：趁着。

④彻：剥取。桑土（dù）：桑树根；土同“杜”。

⑤绸缪（móu）：缠结。牖（yōu）：窗子；户：门。

⑥下民：民义同“人”。这里的诗句是以鸱鸮（一种形似黄雀而身体较小的鸟）的口吻，其巢在上，所以称人为“下民”。

⑦般（pān）：乐。怠：怠惰。敖：同“遨”，指出游。

⑧《诗》云：引自《诗经·大雅·文王》。

⑨永：长久；言：语助同，大义。配：合。命：天命。

⑩《太甲》：《尚书》中的一篇。

⑪违：避。

⑫活："逭"（huàn）的借字，"逃"的意思。

【译文】

孟子说："仁就光荣，不仁就耻辱；现在的人既厌恶耻辱却又居于不仁的境地，这就好像既厌恶潮湿却又居于低洼的地方一样。假如真的厌恶耻辱，那最好是以仁德为贵，尊敬读书人，使有贤德的人处于一定的官位，有才能的人担任一定的职务。并且趁国家无内忧外患的时候修明政治法律制度。这样做了即使是大国也会畏惧你。《诗经》说：'趁着天晴没阴雨，剥些桑树根上皮，补好窗子和门户。现在你们下面人，有谁还敢欺侮我？'孔子说：'写这首诗的人很懂得道理呀！能够治理好自己的国家，谁还敢欺侮他呢？'如今国家没有内忧外患，却趁着这个时候享乐腐化，这是自己寻求祸害。祸害和幸福都没有不是自己找来的。《诗经》说：'长久地与天命相配合，自己寻求更多的幸福。'《尚书·太甲》说：'上天降下的灾害还可以逃避；自己造成的罪孽可就无处可逃。'说的就是这个意思。"

二十、尊贤使能

孟子曰："尊贤使能，俊杰在位，则天下之士皆悦，而愿立于其朝矣；市，廛而不征[1]，法而不廛[2]，则天下之商皆悦，而愿藏于其市矣；关，讥而不征[3]，则天下之旅皆悦，而愿出于其路矣；耕者，助而不税[4]，则天下之农皆悦，而愿耕于其野矣；廛[5]，无夫里之布[6]，则天下之民皆悦，而愿为之氓[7]矣。信能行此五者，则邻国之民仰之若父母矣。率其子弟，攻其父母，自有生民以来未有能济者也。如此，则无敌于天下。无敌于天下者，天吏[8]也。然而不王者，未之有也。"

【注释】

① 廛（chán）：市中储藏或堆积货物的货栈。征：征税。

② 法而不廛：指官方依据法规收购长期积压于货栈的货物，以保证商人的利益。

③ 讥而不征：只稽查不征税。讥，查问。

④ 助而不税：指"耕者九一"的井田制只帮助种公田而不再收税。

⑤ 廛：这里指民居，与"廛而不征"的"廛"所指不同。

⑥ 夫里之布：古代的一种税收名称，即"夫布"、"里布"，大致相当于后世的土地税、劳役税。

⑦ 氓：指从别处移居来的移民。

⑧天吏：顺从上天旨意的执政者。这里的“吏”不是指小官。

【译文】

孟子说：“尊重贤才，使用能人，杰出的人物都有职位，那么，天下的士人都乐于在这样的朝廷担任一官半职了；在市场上提供储货的地方却不征税，把滞销的货物依法收购不使积压，那么，天下的商人都乐于在这样的市场做生意了；海关只稽查而不征税，那么，天下的旅客都乐于在这样的路上旅行了；种庄稼只按井田制助耕公田而不再征税，那么，天下的农民都乐于在这样的土地上耕种了；居民区没有额外的土地税和劳役税，那么，天下的百姓都乐于成为这里的居民了。真正能够做到这五点，就连邻国的百姓都会把他当父母一样仰慕。如果有谁想率领这些百姓来攻打他，就好比率领儿人去攻打父母，自有人类以来就没有成功过的。使这样，他就今天下大改了。天下无敌的可叫做‘天吏’。做到了这个程度还不能够应天下归服的，是从来没有过的。”

二十一、人皆有不忍人之心

孟子曰："人皆有不忍人之心[①]。先王有不忍人之心，斯有不忍之政矣。以不忍人之心，行不忍人之政，治天下可运之掌上。所以谓人皆有不忍人之心者，今人乍[②]见孺子将入于井，皆有怵惕恻隐[③]之心——非所以内交[④]于孺子之父母也，非所以要誉[⑤]于乡党朋友也，非恶其声而然也。由是观之，无恻隐之心，非人也；无羞恶之心，非人也；无辞让之心，非人也；无是非之心，非人也。恻隐之心，仁之端[⑥]也；羞恶之心，义之端也；辞让之心，礼之端也；是非之心，智之端也。人之有是四端也，犹其有四体也。有是四端而自谓不能者，自贼者也；谓其君不能者，贼其君者也。凡有四端于我[⑦]者，知皆扩而充之矣，若火之始然[⑧]，泉之始达。苟能充之，足以保[⑨]四海；苟不充之，不足以事父母。"

【注释】

① 不忍人之心：怜悯心，同情心。

② 乍：突然、忽然。

③ 怵惕：惊惧。恻隐：哀痛，同情。

④ 内交，内交即结交，内同"纳"。

⑤ 要（yāo）誉：博取名誉。要同"邀"，求。

⑥端：开端，起源．源头。

⑦我：同“己”。

⑧然，同“燃”。

⑨保：定，安定。

【译文】

孟子说：“每个人都有怜悯体恤别人的心情。先王由于怜悯体恤别人的心情，所以才有怜悯体恤百姓的政治。用怜悯体恤别人的心情，施行怜悯体恤百姓的政治，治理天下就可以像在手掌心里面运转东西一样容易了。之所以说每个人都有怜悯体恤别人的心情，是因为，如果今天有人突然看见一个小孩要掉进井里面去了，必然会产生惊惧同情的心理——这不是因为要想去和这孩子的父母拉关系，不是因为要想在乡邻朋友中博取声誉，也不是因为厌恶这孩子的哭叫声才产生这种惊惧同情心理的。由此看来，没有同情心，简直不是人；没有羞耻心，简直不是人；没有谦让心，简直不是人；没有是非心，简直不是人。同情心是仁的发端；羞耻心是义的发端；谦让心是礼的发端；是非心是智的发端。人有这四种发端，就像有四肢一样。有了这四种发端却自认为不行的，是自暴自弃的人；认为他的君主不行的，是暴弃君主的人。凡是有这四种发端的人，知道都要扩大充实它们，就像火刚刚开始燃烧，泉水刚刚开始流淌。如果能够扩充它们，便足以安定天下，如果不能够扩充它们，就连赡养父母都成问题。”

二十二、术不可不慎

孟子曰："矢人[1]岂不仁于函人[2]哉？矢人唯恐不伤人，函人唯恐伤人。巫匠亦然[3]。故术[4]不可不慎也。孔子曰：'里仁为美，择不处仁，焉得智？'夫仁，天之尊爵也，人之安宅也。莫之御而不仁[5]，是不智也。不仁、不智，无礼、无义，人役也。人役而耻为役，由[6]弓人而耻为弓，矢人而耻为矢也。如耻之，莫如为仁。仁者如射：射者正己而后发；发而不中，不怨胜己者，反求诸己而已矣。"

【注释】

① 矢人：造箭的人。

② 函人：造销甲的人。

③ 巫：巫医。匠：匠人，这里特指做棺材的木匠。

④ 术：这里指选择谋生之术，也就是选择职业。

⑤ 御：阻挡。

⑥ 由：同"犹"，好像。

【译文】

孟子说："造箭的人难道不如造销甲的人仁慈吗？造箭的人唯恐自己造的箭不能够伤害人，造销甲的人却唯恐箭伤害了人。医生和棺材匠之间也是这样。所以，一个人选择谋生职业不可以不谨慎。孔子说：‘居住在有仁厚风气的地方才好。选择住处而不迷在有仁厚风气的地方，怎么能说是明智呢？’仁，是上天尊贵的爵位，人间最安逸的住宅。没有人阻挡却不选择仁，是不明智。不仁不智，无礼无义的人，只配被别人驱使。被别人驱使而引以为耻，就像做了造弓的人却又以造弓为耻，做了造箭的人却又以造箭为耻一样。如果真正引以为耻，那就不如好好行仁。有仁德的人就像射手：射手先端正自己的姿势然后才放箭；如果没有射中，不怪比自己射得好的人，而是反过来找自己的原因。”

二十三、与人为善

孟子曰："子路，人告之以有过，则喜。禹闻善言，则拜。大舜有①大焉，善与人同②，舍己从人，乐取于人以为善。自耕稼、陶、渔以至为帝，无非取于人者。取诸人以为善，是与③人为善者也。故君子莫大乎与人为善。"

【注释】

① 有：同“又”。

② 善与人同：与人共同做善事。

③ 与：偕同。

【译文】

孟子说："子路，别人指出他的过错，他就很高兴。大禹听到有教益的话，就给人家敬礼。伟大的舜帝又更为了不得：总是与别人共同做善事。舍弃自己的缺点，学习人家的优点，非常快乐地吸取别人的长处来行善。从他种地、做陶器、捕鱼一直到做帝王，没有哪个时候他不向别人学习。吸取别人的优点来行善，也就是与别人一起来行善。君子，最重要的就是要与别人一起来行善。

二十四、天时不如地利

孟子曰："天时不如地利，地利不如人和[①]。三里之城，七里之郭[②]，环而攻之而不胜。夫环而攻之，必有得天时者矣；然而不胜者，是天时不如地利也。城非不高也，池[③]非不深也，兵革[④]非不坚利也，米粟非不多也；委[⑤]而去之，是地利不如人和也。故曰：域民[⑥]不以封疆之界，固国不以山溪之险，威天下不以兵革之利。得道者多助，失道者寡助。寡助之至，亲戚畔[⑦]之；多助之至，天下顺之。以天下之所顺，攻亲戚之所畔；故君子有[⑧]不战，战必胜矣。"

【注释】

① 天时、地利、人和：《荀子·王霸篇》说："农夫朴力而寡能，则上不失天时，下不失地利，中得人和而百事不废。"荀子所指的"天时"指农时，"地利"指土壤肥沃，"人和"是指人的分工。而孟子在这里所说的"天时"则指尖兵作战的时机、气候等；"地利"是指山川险要，城池坚固等；"人和"则指人心所向，内部团结等。

② 三里之城，七里之郭：内城叫"城"，外城叫"郭"。内外城比例一般是三里之城，七里之郭。

③ 池：即护城河。

④ 兵：武器，指戈矛刀箭等攻击性武器。革：皮革，指甲胄。古代甲胄是皮革做的，也有用铜铁做的。

⑤ 委：弃。

⑥ 域民：限制人民。域，界限。

⑦ 畔：同"叛"。

⑧ 有：或，要么。

【译文】

孟子说："有利的时机和气候不如有利的地势，有利的地势不如人的齐心协力。一个三里内城墙、七里外城墙的小城，四面围攻都不能够攻破。既然四面围攻，总有遇到好时机或好天气的时候，但还是攻不破，这说明有利的时机和气候不如有利的地势。另一种情况是，城墙不是不高，护城河不是不深，兵器和甲胄不是极利和坚固，粮草也不是不充足，但还是弃城而逃了，这就说明有利的地势不如人的齐心协力。所以说：老百姓不是靠封锁边境线就可以限制住的，国家不是靠山川险阻就可以保住的，扬威天下也不是靠锐利的兵器就可以做到的。拥有道义的人得到的帮助就多，失去道义的人得到的帮助就少。帮助的人少到极点时，连亲戚也会叛离；帮助的人多到极点时，全天下的人都会顺从。以全天下人都顺从的力量去攻打连亲戚都会叛离的人，必然是不战则已，战无不胜的了。”

二十五、有所不召之臣

孟子将朝王[①]，王使人来曰：“寡人如[②]就见者也，有寒疾，不可以风。朝，将视朝[③]，不识[④]可使寡人得见乎？”

对曰：“不幸而有疾，不能造[⑤]朝。”

明日，出吊于东郭氏[⑥]。公孙丑曰：“昔者辞以病，今日吊，或者不可乎？”

曰：“昔者疾，今日愈，如之何不吊？”

王使人问疾，医来。

孟仲子[⑦]对曰：“昔者有王命，有采薪之忧[⑧]，不能造朝。今病小愈，趋造于朝，我不识能至否乎。”

使数人要[⑨]于路，曰：“请必无归，而造于朝！”

不得已而之景丑氏[⑩]宿焉。

景子曰：“内则父子，外则君臣，人之大伦也。父子主恩，君臣主敬。丑见王之敬子也，未见所以敬王也。”

曰："恶！是何言也！齐人无以仁义与王言者，岂以仁义为不美？其心曰：'是何足与言仁义也'云尔，则不敬莫大乎是。我非尧舜之道，不敢以陈于王前，故齐人莫如我敬王也。"

景子曰："否，非此之谓也。礼曰：'父召，无诺[11]；君命召，不俟驾[12]。'固将朝也，闻王命而遂不果，宜[13]与夫礼若不相似然。"

曰："岂谓是与？曾子曰：'晋楚之富，不可及也；彼以其富，我以吾仁；彼以其爵，我以吾义，吾何慊[14]乎哉？'夫岂不义而曾子言之？是或一道也。天下有达尊三：爵一，齿一，德一。朝廷莫如爵，乡党莫如齿，辅世长民莫如德。恶得有其一以慢其二哉？故将大有为之君，必有所不召之臣；欲有谋焉，则就之。其尊德乐道，不如是，不足与有为也。故汤之于伊尹，学焉而后臣之，故不劳而王；桓公之于管仲，学焉而后臣之，故不劳而霸。今天下地丑[15]德齐，莫能相尚，无他，好臣其所教，而不好臣其所受教。汤之于伊尹，桓公之于管仲，则不敢召。管仲且犹不可召，而况不为管仲者乎？"

【注释】

①王：指齐王。

②如：宜，当，应当。

③朝，将视朝：第一个"朝"读zhāo，即"清晨"的意思；第二个"朝"读chào，意即"朝廷"，视朝即在朝廷处理政务。

④不识：不知。

⑤造：到，上。

⑥东郭氏：齐国的大夫。

⑦ 孟仲子：孟子的堂兄弟，跟随孟子学习。

⑧ 采薪之忧：本意是说有病不能去打柴，引申为自称生病的代词。薪，柴草。

⑨ 要（yāo）：拦截。

⑩ 景丑氏：齐国的大夫。

⑪ 父召，无诺：《礼记·曲礼》：“父召，无诺，先生，召无诺，唯而起。”“唯”和“诺”都是表示应答，急时用“唯”，缓时用“诺”。“父召，无诺”的意思是说，听到父亲叫，不等说“诺”就要起身。

⑫ 不俟驾：不等到车马备好就起身。

⑬ 宜：义同“殆”，大概，恐怕。

⑭ 慊（qiān）：憾，少。

⑮ 丑：类似，相近，同。

【译文】

孟子准备去朝见齐王，恰巧齐王派了个人来转达说：“我本应该来看您，但是感冒了，吹不得风。明早我将上朝处理政务，不知您能否来朝廷上，让我见到您？”

孟子回答说：“不幸得很，我也有病，不能上朝廷去。”

第二天，孟子要到东郭大夫家里去吊丧。公孙丑说：“昨天您托辞生病谢绝了齐王的召见，今天却又去东郭大夫家里吊丧，这或许不太好吧？”

孟子说：“昨天生病，今天好了，为什么不可以去吊丧呢？”

齐王打发人来问候孟子的病，并且带来了医生。孟仲子应付说：“昨天大王命令来时，他正生着病，不能上朝廷去。今天病刚好了一点，已经上朝廷去了，但我不知道他能否到达。”

孟仲子又立即派人到路上去拦孟子，转告孟子说：“请您无论如何不要回家，而赶快上朝廷去！”

孟子不得已而到景丑的家里去住宿。景丑说：“在家庭里有父子，在家庭外有君臣，这是人与人之前最重要的伦理关系。父子之间以慈恩为主，君臣之间以恭敬为主。但我只看见齐王尊敬您，却没看见您尊敬齐王。”

孟子说：“哎！这是什么话！在齐国人中，没有一个与齐王谈论仁义的。难道是他们觉得仁义不好吗？不是。他们心里想的是：‘这样的王哪里配和他谈论仁义呢？’这才是他们对齐王最大的不恭敬。至于我，不是尧舜之道就不敢拿来向齐王陈述。所以，齐国人没有谁比我更对齐王恭敬了。”

景丑说：“不，我不是说的这个方面。《礼经》上说过，父亲召唤，不等到应‘诺’，‘唯’一声就起身；君王召唤，不等到车马备好就起身，可您呢，本来就准备朝见齐王，听到齐王的召见却反而不去了，这似乎和《礼经》上所说的不大相合吧。”

孟子说：“原来你说的是这个呀！曾子说过：‘晋国和楚国的财富，没有人赶得上。不过，他有他的财富，我有我的仁；他有他的爵位，我有我的义。我有什么不如他的呢？’曾子说这些话难道没有道理吗？应该是有道理的罢。天下有三样最尊贵的东西：一样是爵位，一样是年龄，一样是德行。在朝廷上最尊贵的是爵位；在乡里最尊贵的是年龄；至于辅助君王治理百姓，最尊贵的是德行。他怎么能够凭爵位就来怠慢我的年龄和德行呢？所以，大有作为的君主一定有他不能召唤的大臣，如果他有什么事情需要出谋划策，就亲自去拜访他们。这就叫尊重德行喜爱仁道，不这样，就不能够做到大有作为。因此，商汤对于伊尹，先向伊尹学习，然后才以他为臣，于是不费大力气就统一了天下；桓公对于管仲，也是先向他学习，然后才以他为臣，于是不费大力气就称霸于诸侯。现在，天下各国的土地都差不多，君主的德行也都不相上下，相互之间谁也不能高出一筹，没有别的原因，就是因为君王们只喜欢用听他们的话的人为臣，而不喜欢用能够教导他们的人为臣。商汤对于伊尹，桓公对于管仲就不敢召唤。管仲尚且不可以被召唤，更何况连管仲都不屑于做的人呢？”

二十六、当受则受

陈臻[1]问曰：“前日于齐，王馈兼金[2]一百[3]而不受；于宋，馈七十镒而受；于薛[4]，馈五十镒而受。前日之不受是，则今日之受非也；今日之受是，则前日之不受非也。夫子必居一于此矣。”

孟子曰：“皆是也。当在宋也，予将有远行，行者必以赆[5]；辞曰：‘馈赆。’予何为不受？当在薛也，予有戒心[6]；辞曰：‘闻戒，故为兵馈之。’予何为不受？若于齐，则未有处[7]也。无处而馈之，是货[8]之也。焉有君子而可以货取乎？”

【注释】

① 陈臻：孟子的学生。

② 兼金：好金。因其价格双倍于普通金，所以称为“兼金”。

③ 一百：即一百镒（yì）。镒为古代重量单位．一镒为二十两。

④ 薛：春秋时有薛国，但在孟子的时代已被齐国所灭，所以，这里的薛是指齐国靖郭君田婴的封地，在今山东滕县东南。

⑤ 赆（jìn）：给远行的人送路费或礼物。

⑥ 戒心：戒备意外发生。根据赵歧的注释，当时有恶人要害孟子，所以孟子有所戒备。

⑦ 未有处：没有出处，引申为没有理由。

⑧ 货：动词，收买，贿赂。

【译文】

陈臻问道：“以前在齐国的时候，齐王送给您好金一百镒，您不接受；到宋国的时候，家王送给您七十镒，您却接受了；在薛地，薛君送给您五十镒，您也接受了。如果以前的不接受是正确的，那后来的接受便是错误的；如果后来的接受是正确的，那以前的不接受便是错误的。老师您总有一次做错了吧。”

孟子说：“都是正确的。当在宋国的时候，我准备远行，对远行的人理应送些盘缠。所以宋王说：‘送上一些盘缠。’我怎么不接受呢？当在薛地的时候，我听说路上有危险，需要戒备。薛君说：‘听说您需要戒备，所以送上一点买兵器的钱。’我怎么能不接受呢？至于在齐国，则没有任何理由。没有理由却要送给我一些钱，这等于是用钱来收买我。哪里有君子可以拿钱收买的呢？”

二十七、蚳蛙谏于王而不用

孟子谓蚳蛙[1]曰："子之辞灵丘[2]而请士师[3]，似也，为其可以言也。今既数月矣，未可以言与？"

蚳蛙谏于王而不用，致为臣而去。齐人曰："所以为蚳蛙则善矣；所以自为，则吾不知也。"

公都子[4]以告。

曰："吾闻之也：有官守者，不得其职则去；有言责者，不得其言则去。我无官守，我无言责也，则吾进退，岂不绰绰然有余裕哉？"

【注释】

① 蚳（zhī）蛙：齐国大夫。

② 灵丘：齐国边境邑名。

③ 士师：官名，管禁令，狱讼，刑罚等，是法官的通称。

④ 公都子：孟子的学生。

【译文】

孟子对蚳蛙说："您辞去灵丘县长而请求做法官，这似乎有道理，因为可以向齐王进言。可是现在你已经做了好几个月的法官了，还不能向齐王进言吗？"

蚳蛙向齐王进谏，齐王不听。蚳蛙因此辞职而去。齐国人说："孟子为蚳蛙的考虑倒是有道理，但是他怎样替自己考虑呢？我们就不知道了。"

公都子把齐国人的议论告诉了孟子。

孟子说："我听说过：有官位的人，如果无法尽其职责就应该辞官不干；有进言责任的人，如果言不听，计不从，就应该辞职不干。至于我，既无官位，又无进言的责任，那我的进退去留，岂不是非常宽松而有自由的回旋余地吗？"

二十八、君子不以天下俭其亲

孟子自齐葬于鲁[①]，反于齐，止于嬴[②]。

充虞[③]请曰："前日不知虞之不肖，使虞敦匠事[④]。严[⑤]，虞不敢请．今愿窃有请也：木若以[⑥]美然。"

曰："古者棺椁无度[⑦]，中古[⑧]棺七寸，椁称之。自天子达于庶人，非直为观美也，然后尽于人心。不得[⑨]，不可以为悦；无财，不可以为悦。得之为[⑩]有财，古之人皆用之，吾何为独不然？且比[⑪]化者[⑫]无使土亲肤，于人心独无恔[⑬]乎？吾闻之：君子不以天下俭其亲。"

【注释】

① 自齐葬于鲁：孟子在齐国时，随行的母亲去世，孟子从齐国把母亲遗施购国安葬。

② 嬴：地名，故城在今山东莱芜西北。

③ 充虞：孟子的学生。

④ 敦：治，管。匠事：木匠制作棺材的事。

⑤ 严：急，忙。

⑥ 以：太。

⑦ 棺椁（guō）无度：古代棺材分内外两层，内层叫棺，外层的套棺叫椁。棺椁无度是说棺与椁都没有尺寸规定。

⑧ 中古：指周公治礼以后的时代。

⑨ 不得：指礼制规定所不允许。

⑩ 为：这里是“与”的意思。

⑪ 比：为了。

⑫ 化者：死者。

⑬ 恔（xiāo）：快，快慰，满足。

【译文】

孟子从齐国到鲁国安葬母亲后返回齐国，住在嬴县。

学生充虞请教说：“前些日子承蒙老师您不嫌弃我，让我管理做棺椁的事。当时大家都很忙碌，我不敢来请教。现在我想把心里的疑问提出来请教老师：棺木似乎太好了一点吧！”

孟子回答说：“上古对于棺材用木的尺寸没有规定；中古时规定棺木厚七寸，椁木以与棺木的厚度相称为准。从天子到老百姓，讲究棺木的质量并非仅仅是为了美观，而是因为要这样才能尽到孝心。为礼制所限不能用上等木料做棺椁，不能够称心；没有钱不能用上等木料做棺椁，也不能够称心。既为礼制所允许，又有财力，古人都会这么做，我又怎么不可以呢？况且，这样做不过是为了不让泥土沾上死者的尸体，难道孝子之心就不可以有这样一点满足吗？我听说过：君子不因为天下大事而俭省应该用在父母身上的钱财。”

二十九、孟子致为臣而归

孟子致为臣而归[①]。王就见孟子，曰：“前日愿见而不可得；得侍同朝，甚喜；今又弃寡人而归，不识可以继此而得见乎？”

对曰：“不敢请耳，固所愿也。”

他日，王谓时子[②]曰：“我欲中国[③]而授孟子室，养弟子以万钟[④]，使诸大夫国人皆有所矜式[⑤]。子盍为我言之？”

时子因陈子[⑥]而以告孟子，陈子以时子之言告孟子。

孟子曰：“然，夫时子恶知其不可也？如使予欲富，辞十万而受万，是为欲富乎？季孙[⑦]曰：‘异哉子叔疑[⑧]！使己为政，不用，则亦已矣，又使其子弟为卿。人亦孰不欲富贵？而独于富贵之中有私龙断[⑨]焉。’古之为市也，以其所有易其所无者，有司者治之耳。有贱丈夫[⑩]焉，必求龙断而登之，以左右望，而罔市利。人告以为贱，故从而征之。征商自此贱丈夫始矣。”

【注释】

① 致为臣而归：指孟子辞去齐宣王的客卿而归故乡。致，在古代有“致仕”、“致禄”、“致政”等多种说法，其中的“致”都是“归还”的意思。

② 时子：齐王的巨子。

③ 中国：在国都中，指临淄城。“中”在这里是介词，“国”即国都。

④ 万钟：钟，古代量器。齐国量器有豆、区、釜、钟四种。每豆四升，每区四斗，每釜四区，每钟十釜。万钟为六万四千石。

⑤ 矜式：敬重，效法。

⑥ 陈子：即孟子的学生陈臻。

⑦ 季孙：赵岐注为孟子的弟子，朱熹则认为“不知何时人”。

⑧ 子叔疑：人名，与季孙一样不可考。

⑨ 龙断：即“垄断”。原意是名词，指高而不相连属的土墩子，后逐渐引申为把持、独占。

⑩ 丈夫；对成年男子的通称。

【译文】

孟子辞去齐国的官职准备回乡。齐王专门去看孟子，说：‘从前希望见到您而不可能；后来终于得以在一起共事，我感到很高兴；现在您又将抛弃我而归去了，不知我们以后还能不能够相见？”

孟子回答说：“我不敢请求罢了，这本来就是我的愿望。”

过了几天，齐王对臣下时子说：‘我想在都城中拨一所房子给孟子，再用万钟粮食供养他的学生，使我们的官吏和人民都有所效法。您何不替我向孟子谈谈呢？”

时子便托陈子把这话转告给孟子。陈子也就把时子的话告诉了孟子。

孟子说："嗯，那时子哪里知道这事做不得呢？如果我是贪图财富的人，辞去十万钟俸禄的官不做却去接受一万钟的赏赐，这的是想更富吗？季孙曾经说过：'子叔疑真奇怪！自己要做官，别人不重用，也就算了嘛，却又让自己的子弟去做卿大夫。谁不想做官发财呢？可他却想在这做官发财中搞垄断。'这正如古代的市场交易，本来不过是以有换无，有关的部门进行管理。但却有那么一个卑鄙的汉子，一定要找一个独立的高地登上去，左边望望，右边望望，恨不得把全市场的赚头都由他一人捞去。别人都觉得这人卑鄙，因此向他征税。征收商业税也就从这个卑鄙的汉子开始了。"

三十、孟子言必称尧舜

滕文公为世子[①]，将之楚，过宋而见孟子。孟子道性善，言必称尧舜。

世子自楚反，复见孟子。孟子曰："世子疑吾言乎？夫道一而已矣。成覸[②]谓齐景公曰：'彼，丈夫也；我，丈夫也；吾何畏彼哉？'颜渊曰：'舜，何人也？予，何人也？有为者亦若是。'公明仪[③]曰：'文王，我师也；周公岂欺我哉？'今滕，绝长补短，将五十里也，犹可以为善国。《书》曰：'若药不瞑眩④，厥疾不瘳⑤。’”

【注释】

①世子：即太子。“世”和“太”古音相同，古书常通用。

②成覸：齐国的勇士。

③公明仪：人名，复姓公明，名仪，鲁国贤人，曾子学生.

④瞑眩：眼睛昏花看不清楚。

⑤瘳（chóu）：病愈。

【译文】

滕文公还是太子的时候，要到楚国去，经过家国时拜访了孟子。孟子给他讲善良是人的本性的道理，话题不离尧舜。

太子从楚国回来，又来拜访孟子。孟子说：“太子不相信我的话吗？道理都是一致的啊。成覸对齐景公说：‘他是一个男子汉，我也是一个男子汉，我为什么怕他呢？’颜渊说：‘舜是什么人，我是什么人，有作为的人也会像他那样。’公明仪说：‘文王是我的老师；周公难道会欺骗我吗？’现在的滕国，假如把疆土截长补短也有将近方圆五十里吧。还可以治理成一个好国家。《尚书》说：‘如果药不能使人头昏眼花，那病是不会痊愈的。’”

三十一、上有好者，下必有甚

滕定公[1]薨[2]，世子谓然友[3]曰："昔者孟子尝与我言于宋，于心终不忘，今也不幸至于大故[4]，吾欲使子问于孟子，然后行事。"

然友之邹[5]问于孟子。

孟子曰："不亦善乎！亲丧，固所自尽[6]也。曾子曰：'生，事之以礼；死，葬之以礼，祭之以礼，可谓孝矣[7]。'诸侯之礼，吾未之学也；虽然，吾尝闻之矣。三年之丧[8]，齐疏之服[9]，飦粥之食[10]，自天子达于庶人，三代共之。"

然友反命，定为三年之丧。父兄百官皆不欲，曰："吾宗国[11]鲁先君莫之行，吾先君亦莫之行也，至于子之身而反之，不可，且《志》[12]曰：'丧祭从先祖。'曰：'吾有所受之也。'"

谓然友曰："吾他日未尝学问，好驰马试剑。今也父兄百官不我足也，恐其不能尽于大事，子为我问孟子！"然友复之邹问孟子。

孟子曰："然，不可以他求者也。孔子曰：'君薨，听于冢宰[13]，歠[14]粥，面深墨，即位而哭，百官有司莫敢不哀，先之也。'上有好者，下必有甚焉者矣。君子之德，风也；小人之德，草也。草尚之风，必偃[15]。是在世子。"

然友反命。

世子曰："然；是诚在我。"

五月居庐[16]，未有命戒。百官族人可，谓曰知。及至葬，四方来观之，颜色之戚，哭泣之哀，吊者大悦。

【注释】

① 滕定公：滕文公的父亲。

② 薨：死。古代称侯王死叫"薨"，唐代以后用于指二品以上官员死。

③ 然友：人名，太子的老师。

④ 大故：重大的事故，指大丧、凶灾之类。

⑤ 之：至，到。邹与滕相距只有四十余里，所以可以问后行事。

⑥ 自尽：尽自己最大的心力。

⑦ 曾子曰：这几句话在《论语·为政》中是孔子对樊迟说的。

⑧ 三年之丧：指子女为父母、臣下为君主守孝三年。

⑨ 齐（zī）疏之服：用粗布做的缝边的丧服。齐，指衣服缝边。古代丧服叫做衰（cuī），不缝衣边的叫"斩衰"，缝衣边的叫"齐衰"。

⑩ 飦（zhān）：稠粥。粥：稀粥．这里是偏义复词，指稀粥。

⑪ 宗国：鲁、滕诸国的始封祖都是周文王的儿子，而周公封鲁，于行辈较长，所以其余姬姓诸国都以鲁为宗国。

⑫《志》：记国家世系等的一种书。

⑬ 冢宰：官名。在君王居丧期间代理朝政．

⑭ 歠（chuò）：饮。

⑮ 君子之德………必偃：这几句出自《论语·颜渊》篇孔子的话。"尚"与"上"同；偃，倒下。

⑯ 五月居庐：居住在丧庐中五个月。

【译文】

滕定公死了，太子对老师然友说："上次在宋国的时候孟子和我谈了许多，我记在心里久久不忘。今天不幸父亲去世，我想请您先去请教孟子，然后才办丧事。"

然友便到邹国去向孟子请教。

孟子说："好得很啊！父母的丧事本来就应该尽心竭力。曾子说：'父母活着的时候，依照礼节侍奉他们；父母去世，依照礼节安葬他们，依照礼节祭把他们，就可以叫做孝了。'诸侯的礼节，我不曾专门学过，但却也听说过。三年的丧期，穿着粗布做的孝服，喝稀粥。从天子一直到老百姓，夏、商、周三代都是这样的."

然友回国报告了太子，太子便决定实行三年的丧礼。滕国的父老官吏都不愿意。他们说："我们的宗国鲁国的历代君主没有这样实行过，我们自己的历代祖先也没有这样实行过，到了您这一代便改变祖先的做法，这是不应该的。而且《志》上说过：'丧礼祭祖一律依照祖先的规矩。'还说：'道理就在于我们有所继承。'"

太子对然友说："我过去不曾做过什么学问，只喜欢跑马舞剑。现在父老官吏们都对我实行三年丧礼不满，恐怕我处理不好这件大事，请您再去替我问问孟子吧！"然友再次到邹国请教孟子。

孟子说："要坚持这样做，不可以改变。孔子说过：'君王死了，太子把一切政务都交给家事代理，自己每天喝稀粥。脸色深黑，就临孝子之位便哭泣，大小官吏没有谁敢不悲哀，这是因为太子亲自带头的缘故。'在上位的人有什么喜好，下面的人一定就会喜好得更厉害。领导人的德行是风，老百姓的德行是草。草受风吹，必然随风倒。所以，这件事完全取决于太子。”

然友回国报告了太子。

太子说：“是啊，这件事确实取决于我。”

于是太子在丧庐中住了五个月，没有颁布过任何命令和禁令。大小官吏和同族的人都很赞成，认为太子知礼。等到下葬的那一天，四面八方的人都来观看，太子面容的悲伤，哭泣的哀痛，使前来吊丧的人都非常满意。

三十二、劳心者治人，劳力者治于人

有为神农之言①者许行②，自楚之滕，踵③门而告文公曰：“远方之人闻君行仁政，愿受一廛而为氓④。”

文公与之处。

其徒数十人，皆衣褐，捆屦，织席以为食⑤。陈良之徒陈相与其弟辛⑥，负耒耜而自宋之滕，曰：“闻君行圣人之政，是亦圣人也，愿为圣人氓。”陈相见许行而大悦，尽弃其学而学焉。

陈相见孟子，道许行之言曰：“滕君则诚贤君也；虽然，未闻道也。贤者与民并耕而食，饔飧⑦而治。今也滕有仓廪府库，则是厉⑧民而以自养也，恶得贤？”

孟子曰："许子必种粟而后食乎？"曰："然。""许子必织布而后衣乎？"曰："否，许子衣褐。""许子冠乎？"曰："冠。"曰："奚冠？"曰："冠素。"曰："自织之与？"曰："否，以粟易之。"曰："许子奚为不自织？"曰："害于耕。"曰："许子以釜甑爨，以铁耕乎[9]？"曰："然。""自为之与？"曰："否，以粟易之。"

"以粟易械器者，不为厉陶冶；陶冶亦以其诫器易粟者，岂为厉农夫哉？且许子何不为陶冶，舍[10]皆取诸其宫中[11]而用之？何为纷纷然与百工交易？何许子之不惮烦？"

曰："百工之事固不可耕且为也。"

"然则治天下独可耕且为与？有大人[12]之事，有小人之事。且一人之身，而百工之所为备，如必自为而后用之，是率天下而路[13]也。故曰，或劳心，或劳力；劳心者治人，劳力者治于人；治于人者食人，治人者食于人；天下之通义也。

"当尧之时，天下犹未平，洪水横流，泛滥于天下，草水畅茂，禽兽繁殖，五谷不登，禽兽逼人，兽蹄鸟迹之道交于中国。尧独忧之，举舜而敷[15]治焉。舜使益掌火，益烈山泽而焚之，禽兽逃匿。禹疏九河，瀹济漯[16]而注诸海，决汝汉，排淮泗而注之江，然后中国得而食也。当是时也，禹八年于外，三过其门而不人，虽欲耕，得乎？

"后稷[17]教民稼穑，树艺[18]五谷；五谷熟而民人育。人之内道也，饱食、暖衣、逸居而无教，则近于禽兽。圣人有忧之，使契[19]为司徒，教以人伦——父子有亲，君臣有义，夫妇有别，长幼有叙，朋友有信。放勋[20]曰：'劳之来之[21]，匡之直之，辅之翼之，使自得之，又从而振德之。'圣人之忧民如此，而暇耕乎？

“尧以不得舜为己忧，舜以不得禹、皋陶[22]为己忧。夫以百亩之不易[23]为己忧者，农夫也。分人以财谓之惠，教人以善谓之忠，为天下得人者谓之仁。是故以天下与人易，为天下得人难。孔子曰：‘大哉尧之为君！惟天为大，惟尧则之，荡荡乎民无能名焉！君哉舜也！巍巍乎有天下而不与焉！’尧舜之治天下，岂无所用其心哉？亦不用于耕耳。

“吾闻用夏变夷者，未闻变于夷者也。陈良，楚产也，悦周公、仲尼之道，北学于中国。北方之学者，未能或之先也。彼所谓豪杰之士也。子之兄弟事之数十年，师死而遂倍[24]之！昔者孔子没，三年之外，门人治任[25]将归，人揖于子贡，相向而哭，皆失声，然后归。子贡反，筑室于场，独居三年，然后归。他日，子夏、子张、子游以有若似圣人，欲以所事孔子事之，强曾子。曾子曰：‘不可；江汉以濯之，秋阳以暴[26]之，皜皜[27]乎不可尚已。’今也南蛮鴃[28]舌之人，非先王之道，子倍子之师而学之，亦异于曾子矣。吾闻出于幽谷迁于乔木者，未闻下乔木而入于幽谷者。《鲁颂》曰：‘戎狄是膺，荆舒是惩[29]。’周公方且膺之，子是之学，亦为不善变矣。”

“从许子之道，则市贾不贰[30]，国中无伪，虽使五尺之童[31]运市，莫之或欺。布帛长短同，则贾相若；麻缕丝絮轻重同，则贾相若；五谷多寡同，则贾相若；屦大小同，则贾相若。”

曰：“夫物之不齐，物之情也；或相倍蓰[32]，或相什百，或相千万。子比而同之，是乱天下也。巨屦小屦[33]同贾，人岂为之哉？从许子之道，相率而为伪者也，恶能治国家？”

【注释】

① 神农之言：神农氏的学说。神农是上古传说中的人物，常与伏羲氏、燧人

氏一道被称为“三皇”。神农氏主要的功绩是教人从事农业生产，所以叫“神农”。春秋战国时期诸子百家多托古圣贤之名而标榜自己的学说。“农家”就假托为“神农之言”。

② 许行：农家代表人物之一，生平不详。

③ 踵（zhǒng）：至，到。

④ 廛：住房。氓：移民。

⑤ 衣褐，捆屦，织席以为食：穿粗麻衣，靠编草鞋，织草席谋生。衣（yì），动词，穿；褐，粗麻短衣；屦（jù），草鞋。

⑥ 陈良：楚国的儒士。陈相、陈辛：都是陈良的学生。

⑦ 饔飧：饔（yōng）：早餐；飧（sūn）：晚餐。

⑧ 厉：病。

⑨ 釜：金属制的锅；甑：用瓦做的茶饭器；

⑩ 爨（cuàn）：烧火做饭；铁：指用铁做的农具。

⑪ 舍：相当于方言“啥”，即什么东西、一切东西的意思。

⑫ 宫中：家中。古代住宅无论贵贱都可以叫“宫”，秦汉以后才专指帝王所居为宫。

⑬ 大人：这里指有地位的人，与下文“小人”相对。

⑭ 路：指奔波、劳累。

⑮ 敷：遍。

⑯ 瀹济漯：瀹（yuè）：疏导。济漯（tà）：济水和漯水。

⑰ 后稷：相传为周的始祖，名弃，尧帝时为农师。

⑱ 树艺：种植。

⑲ 契（xiè）：人名，相传是殷的祖先，姓子，尧帝时任司徒。

⑳ 放勋：尧的称号，放是大，勋是功劳，原本是史官的赞誉之辞，后来成为尧的称号。

㉑ 劳之来之：劳、来都读为去声，劝勉，慰劳。

㉒ 皋陶（yáo）：人名，相传为虞舜时的司法官。

㉓ 易：治。

㉔ 倍：同“背”，背叛。

㉕ 治任：准备行李。治，整治；任，负担。

㉖ 秋阳以暴：秋阳，周历七八月相当于夏历五六月，所以这里所说的秋阳实际相当于今天的夏阳。

㉗ 暴，同“曝”，晒。皜皜（hào）：光明洁白的样子。

㉘ 鴃（jué）：伯劳鸟。

㉙ 戎狄是膺，荆舒是惩：引自《诗经·鲁颂·闷官》。膺，击退；惩，抵御；戎秋是北方的异族；荆、舒是南方的异族。

㉚ 市贾不贰：贾通“价”；不贰，没有两样。

㉛ 五尺之重：古代尺寸短，五尺约相当于现在三尺多一点。

㉜ 倍蓰（xǐ）：倍，一倍；蓰，五倍。后文的什、百、千、万都是指倍数。

㉝ 巨屦小屦：粗糙的草鞋与精致的草鞋。

【译文】

有一个奉行神农氏学说，名叫许行的人从楚国到滕国进见滕文公说：“我这个从远方来的人听说您施行仁政，希望得到一所住处，成为您的百姓。”

滕文公给了他住处。

许地的门徒有几十个人，都穿着粗麻衣服，靠打草鞋织席子谋生。陈良的门徒陈相和他弟弟陈辛背着农具从宋国来到滕国，也进见滕文公说：“听说您施行圣人的政治，那么，您也是圣人了，我们都愿意做圣人的百姓。”陈相见到许行后非常高兴，完全抛弃了自己以前所学的而改学许行的学说。

陈相有一天去拜访孟子，转述许行的话说：“滕君的确是个贤明的君主，不过，他还没有掌握真正的治国之道。贤人治国应该和老百姓一道耕种而食，一道亲自做饭。现在滕国却有储藏粮食的仓库，存放财物的仓库，这是损害老百姓来奉养自己，怎么能够叫做贤明呢？”

孟子说：“许先生一定要自己种庄稼才吃饭吗？”陈相回答说：“对。”“许先生一定要自己织布然后才穿衣吗？”回答说：“不，许先生只穿粗麻衣服。”“许先生戴帽子吗？”回答说：“戴。”孟子问：“戴什么帽子呢？”回答说：“戴白帽子。”孟子问：“他自己织的吗？”回答说：“不是，是用粮食换来的。”孟子问：“许先生为什么不自己织呢？”回答说：“因为怕误了农活。”孟子问：“许先生用锅和甑子做饭，用铁器耕种吗？”回答说：“是的。”“他自己做的吗？”回答说：“不是，是用粮食换的。”

孟子于是说：“农夫用粮食换取锅、瓶和农具，不能说是损害了瓦匠铁匠。那么，瓦匠和铁匠用锅、瓶和农具换取粮食，难道就能够说是损害了农夫吗？而且，许先生为什么不自己烧窑冶铁做成锅、甑和各种农具，什么东西都放在家里随时取用呢？为什么要一件一件地去和各种工匠交换呢？为什么许先生这样不怕麻烦呢？”

陈相回答说：“各种工匠的事情当然不是可以一边耕种一边同时干得了的。”

“那么治理国家就偏偏可以一边耕种一边治理了吗？官吏有官吏的事，百姓有百姓的事。况且，每一个人所需要的生活资料都要靠各种工匠的产品才能齐备，如果都一定要自己亲手做成才能使用，那就是率领天下的人疲于奔命。所以说：有的人脑力劳动，有的人体力劳动；脑力劳动者统治人，

体力劳动者被人统治；被统治者养活别人，统治者靠别人养活：这是通行天下的原则。

“在尧那个时代，天下还未太平，洪水成灾，四处泛滥；草木无限制生长，禽兽大量繁殖，谷物没有收成，飞禽走兽危害人类，到处都是它们的踪迹。尧为此而非常担忧，选拔舜出来全面治理。舜派益掌管用火烧，益便用烈火焚烧山野沼泽的草木，飞禽走兽于是四散而逃。大禹疏通九条河道，治理济水、源水，引流入海；挖掘汝水、汉水，疏通淮水、泗水，引流进入长江。这样中国才可以进行农业耕种。当时，禹八年在外，三次经过自己的家门前都不进去，即便他想亲自种地，行吗？

“后稷教老百姓耕种收获，栽培五谷，五谷成熟了才能够养育百姓。人之所以为人，吃饱了，穿暖了，住得安逸了，如果没有教养，那就和禽兽差不多。圣人又为此而担忧，派契做司徒，用人与人之间应有的伦常关系和道理来教育百姓——父子之间有骨肉之亲，君臣之间有礼义之道，夫妻之间有内外之别，老少之间有尊卑之序，朋友之间有诚信之德。尧说道：‘慰劳他们，安抚他们，开导他们，纠正他们，辅助他们，保护他们，使他们创所，再进一步提高他们的品德。’圣人为老百姓考虑得如此之难道还有时间来亲自耕种吗？

“尧把得不到舜这样的人作为自己的忧虑，舜把得不到禹和陶这样的人作为自己的忧虑。那些把耕种不好田地作为自己忧虑的，是农夫。把钱财分给别人叫做惠，把好的道理教给别人叫做忠，为天下发现人才叫做仁。所以把天下让给人容易，为天下发现人才却很难。孔子说：‘尧做天子真是伟大！只有天最伟大，只有尧能够效法天，他的圣德无边无际，老百姓找不到恰当的词语来赞美他！舜也是了不得的天子！虽然有了这样广阔的天下，自己却并不占有它！’尧和舜治理天下，难道不用心思吗？只不过用在耕田种地上罢了。

“我只听说过用中原的一切来改变边远落后地区的，没有听说过用边远落后地区的一切来改变中原的。陈良本来是楚国的人，喜爱周公、孔子的学说，由南而北来到中原学习。北方的学者还没有人能够超过他。他可以称得上是豪杰之士了。你们兄弟跟随他学习几十年，他一死，你们就背叛了他！以前孔子死的时候，门徒们都为他守孝三年，三年以后，大家才收拾行李准备回家。临走的时候，都去向子贡行礼告别，相对而哭，泣不成声，然后才离开。子贡又回到孔子的墓地重新筑屋，独自守墓三年，然后才离开。后来，子夏、子张、子游认为有若有点像孔子，便想用尊敬孔子的礼来尊敬他，他们希望曾子也同意。曾子说：‘不可以．就像曾经用江汉的水清洗过，又在夏天的太阳下曝晒过，洁白无瑕。我们的老师是没有谁还能够相比的。’如今这个怪腔怪调的南方蛮子，说话诽谤先王的圣贤之道，你们却背叛自己的老师而向他学习，这和曾子的态度恰恰相反。我只听说过从幽暗的山沟飞出来迁往高大的树木的，从没听说过从高大的树木飞下来迁往幽暗的山沟的。《鲁颂》说：‘攻击北方的戎狄，惩罚南方的荆舒。’周公尚且要攻击楚国这样的南方蛮子，你们却去向他学习，这简直是越变越坏了啊。”

陈相说：“如果听从许先生的学说，市场价格就会统一，人人没有欺诈，就是打发一个小孩子去市场，也不会被欺骗。布匹丝绸的长短一样，价格也就一样；麻线丝绵的轻重一样，价格也就一样；五谷的多少一样，价格也就一样；鞋子的大小一样，价格也就一样。”

孟子说：“各种东西的质量和价格不一样，这是很自然的，有的相差一倍五倍，有的相差十倍百倍，有的甚至相差千倍万倍。您想让它们完全一样，只是搞乱天下罢了。一双粗糙的鞋子与一双精致的鞋子价格完全一样，人们难道会同意吗？听从许先生的学说，是率领大家走向虚伪，怎么能够治理好国家呢？

三十三、枉己者，未有能直人

陈代①曰：“不见诸侯，宜若小然；今一见之，大则以王，小则以霸。且《志》曰：‘枉尺而直寻②’，宜若可为也。”

孟子曰：“昔齐景公田③，招虞人以旌④，不至，将杀之。志士不忘⑤在沟壑，勇士不忘丧其元⑥。孔子奚取焉？取非其招不往也. 如不待其招而往，何哉？且夫枉尺而直寻者，以利言也。如以利，则枉寻直尺而利，亦可为与？昔者赵简子⑦使王良⑧与嬖奚⑨乘，终日而不获一禽。嬖奚反命⑩曰：‘天下之贱工也。’或以告王良。良曰：‘请复之。’强而后可，一朝而获十禽。嬖奚反命曰：‘天下之良工也。’简子曰：‘我使掌与女乘。’谓王良。良不可，曰：‘吾为之范我驰驱⑪，终日不获一；为之诡遇⑫，一朝而获十。《诗》云：“不失其驰，舍矢如破[13]。”我不贯[14]是与小人乘，请辞。’御者且羞与射者比[15]；比而得禽兽，虽若丘陵，弗为也。如枉道而从彼，何也？且子过矣：枉己者，未有能直人者也。”

【注释】

① 陈代：孟子的学生。

② 枉：屈。寻：八尺为一寻。

③ 田：打猎。

④ 招虞人以旌：虞人，守猎场的小官。古代君王有所召唤，一定要有相应的标志，旌旗是召唤大夫的，弓是召唤士的，若是召唤虞人，只能用皮冠. 所以这个虞人不理睬齐景公用旗旗的召唤。《左传・昭公二十年》曾经载过这一件事，孔子并对这个虞人有所称赞，所以下文孟子说到“孔子奚取焉”。

⑤ 不忘：不忘本来是常常想到的意思，虽然常常想到自己“在沟壑”和“丧其元”的结局，但并不因此而贪生怕死。所以，这里的“不忘”也可以直接理解为“不怕”。

⑥ 元：首，脑袋。

⑦ 赵简子：名鞅，晋国大夫。

⑧ 王良：春秋末年著名的善于驾车的人。

⑨ 嬖奚：一个名叫奚的受宠的小臣。

⑩ 反命：复命。反同“返”。

⑪ 范我驰驱：使我的驱驰规范。“范”在这里作动词，使……规范。

⑫ 诡遇：不按规范驾车。

⑬ 不失其驰，舍矢如破：引自《诗经・小雅・车攻》。意为按规范驾车，箭放出就能射中目标。

⑭ 贯：同“惯”，习惯。

⑮比：合作。

【译文】

陈代说："不去拜见诸侯，似乎只是拘泥于小节吧。如今一去拜见诸侯，大则可以实施仁政，使天下归服；小则可以称霸诸侯。况且《志》书上说：'弯曲着一尺长，伸展开来八尺长。'似乎是可以这样以屈求伸的罢。"

孟子说："从前齐景公打猎，用旌旗召唤猎场的管理员，那管理员因为他召唤的方式不对而不予理睬。齐景公想杀了他，他却一点也不怕。因而受到孔子的称赞。所以，有志之士不怕弃尸山沟，勇敢的人不怕丢掉脑袋。孔子认为那猎场管理员哪一点可取呢？就是取他因召唤不当就不去的精神。如果我不等到诸侯的召唤就自己上门去，是为了什么呢？况且，所谓弯曲着一尺长，伸展开来八尺长的说法，是从利益的角度来考虑问题的。如果从利益的角度来考虑问题，就是弯曲着八尺长，伸展开一尺，那也是有利益的啊，难道也可以干么？从前赵简子命令王良为他所宠爱的小臣名叫奚的驾车去打猎，整整一天没有打着一只猎物。那奚回去后向赵简子报告说：'王良真是天下最不会驾车的人了！'有人把这话告诉了王良。王良便对奚说：'请让我再为您驾一次车。'奚勉强同意了，结果一个清晨就打了十只猎物。奚回去后又向赵简子报告说：'王良真是天下最会驾车的人啊！'赵简子说：'我让他专门为你驾车吧。'当赵简子征求王良的意见时，王良却不肯干了。他说：'我按规范为他驾车，他一整天都打不到一只猎物；我不按规范为他驾车，他却一个清晨就打了十只猎物。《诗经》说："按照规范驾车去，箭一放出就中的。”我不习惯为他这样的小人驾车，请您让我辞去这个差事。’驾车的人尚且羞于与不好的射手合作，即便合作可以打到堆集如山的猎物也不干。如果我现在却扭曲自己去追随那些诸侯，那又是为了什么呢？况且，你的看法是错误的：扭曲自己，是不可能让别人正直的。”

三十四、大丈夫之道

景春[①]曰：“公孙衍[②]、张仪[③]岂不诚大丈夫哉？一怒而诸侯惧，安居而天下熄[④]”

孟子曰：“是焉得为大丈夫乎？子未学礼乎？丈夫之冠也，父命之[⑤]；女子之嫁也，母命之，往送之门，戒之曰：‘往之女家，必敬必戒，无违夫子！’以顺为正者，妾妇之道也。居天下之广居，立天下之正位，行天下之大道[⑥]；得志，与民由之；不得志，独行其道。富贵不能淫，贫贱不能移，威武不能屈，此之谓大丈夫。”

【注释】

① 景春：人名，纵横家的信徒。

② 公孙衍：人名，即魏国人犀首，著名的说客。

③ 张仪：魏国人，与苏秦同为纵横家的主要代表。致力于游说六国连横去服

从秦国，与苏秦“合纵”相对。

④熄：指战火熄灭，天下太平。

⑤丈夫之冠也，父命之：古代男子到二十岁叫做成年，行加冠礼，父亲开导他。

⑥广居、正位、大道：朱熹注释为：广居，仁也；正位，礼也；大道，义也。

【译文】

景春说：“公孙衍和张仪难道不是真正的大丈夫吗？发起怒来，诸侯们都会害怕；安静下来，天下就会平安无事。”

孟子说：“这个怎么能够叫大丈夫呢？你没有学过礼吗？男子举行加冠礼的时候，父亲给予训导；女子出嫁的时候，母亲给予训导，送她到门口，告诫她说：‘到了你丈夫家里，一定要恭敬．一定要谨慎，不要违背你的丈夫！’以顺从为原则的，是妾妇之道。至于大丈夫，则应该住在天下最宽广的住宅里，站在天下最正确的位置上，走着天下最光明的大道。得志的时候，便与老百姓一同前进；不得志的时候，便独自坚持自己的原则。富贵不能使我骄奢淫逸，贫贱不能使我改移节操，威武不能使我屈服意志。这样才叫做大丈夫！”

三十五、不由其道

曰[1]："丈夫生而愿为之有室，女子生而愿为之有家；父母之心，人皆有之。不待父母之命、媒妁[2]之言，钻穴隙相窥，逾墙相从，则父母国人皆贱之。古之人未尝不欲仕也，又恶不由其道。不由其道而往者，与钻穴隙之类也。"

【注释】

① 本段系节选孟子与魏国人周霄的对话。"曰"指"孟子曰"。

② 媒妁（shuo）：媒人，介绍婚姻的人。

【译文】

孟子说："男孩子一生下来，父母便希望给他找一个好的妻室，女孩子一生下来，父母便希望给好找一个好的婆家。父母这样的心情，人人都有。但是，如果不等父母的安排，媒人的介绍，就自己钻洞扒缝互相偷看，甚至翻墙过壁去私会，那就要受到父母和社会上其他的人鄙视。同样的道理。古代人不是不想做官，只不过厌恶不经过正当的途径去做官。不经过正当的途径去做官，与男女之间钻洞扒缝的行为是一样的。

三十六、士无事而食，不可也

彭更[①]问曰："后车数十乘，从者数百人，以传食[②]于诸侯，不以泰[③]乎？"

孟子曰："非其道，则一箪食不可受于人；如其道，则舜受尧之天下，不以为泰——子以为泰乎？"

曰："否。士无事而食，不可也。"

曰："子不通功易事[④]，以羡[⑤]补不足，则农有余粟，女有余布。子如通之，则梓匠轮舆[⑥]皆得食于子。于此有人焉，入则孝，出则悌，守先王之道，以待[⑦]后之学者，而不得食于子。子何尊梓匠轮舆而轻为仁义者哉？"

曰："梓匠轮舆，其志将以求食也；君子之为道也，其志亦将以求食与？"

曰："子何以其志为哉？其有功于子，可食而食之矣。且子食志乎？食功乎？"

曰："食志。"

曰："有人于此，毁瓦画墁[⑧]，其志将以求食也，则子食之乎？"

曰："否"

曰："然则子非食志也，食功也。"

【注释】

①彭更：人名，孟子的学生。

②传食：指住在诸侯的驿舍（宾馆）里接受饮食。传，驿舍，相当于今天的宾馆。

③泰：同“太”，过分。

④通功易事：交流成果，交换物资。

⑤羡：余，多余。

⑥梓匠轮舆：梓人、匠人指木工；轮人、舆人指制造车轮和车箱的工人。

⑦待：同“持”，扶持。

⑧墁（man）：本义为粉刷墙壁的工具，这里指新粉刷过的墙壁。

【译文】

彭更问道：“跟在身后的车几十辆，跟随的人几百个，从这个诸侯国吃到那个诸侯国，不是太过分了吗？”

孟子说：“如果不正当，就是一篮子饭也不能够接受；如果正当，就是像舜那样接受了尧的天下也不过分。——你说得过分吗？”

彭更说：“不，我不是这个意思。我是觉得，读书人不劳动而白吃饭，是不对的。”

孟子说：“你如果不互通有无，交换各行各业的产品，用多余的来补充不足的，就会使农民有多余的粮食没人吃，妇女有多余的布没人穿。你如果互通有无，那么，木匠车工都可以从你那里得到吃的。比如说这里有一个人，在家孝顺父母，出门尊敬长辈，奉行先王的圣贤学说，来培养后代的学者，却不能从你那里得到吃的。你怎么可以尊重木匠车工却轻视奉行仁义道德的人呢？”

彭更说：“木匠车工，他们干活的动机就是为了求饭吃。

读书人研究学问，其动机也是为了求饭吃吗？

孟子说："你为什么以他们的动机来看问题呢？只要他们对你有或绩，应该给他们吃的，那就给他们吃的罢了。况且，你是论动机给他们吃的呢？还是论功绩给他们吃的呢？"

彭更说："论动机。"

孟子说："比如这里有一个人，把屋瓦打碎，在新刷好的墙壁上乱画，但他这样做的动机是为了弄到吃的，你给他吃的吗？"

彭更说："不。"

孟子说："那么，你不是论动机，而是论功绩的了。"

三十七、一齐人傅之

孟子谓戴不胜[①]曰："子欲子之王之[②]善与？我明告子。有楚大夫于此，欲其子之齐语也，则使齐人傅诸？使楚人傅诸？"

曰："使齐人傅之。"

曰："一齐人傅之，众楚人咻[③]之，虽日挞而求其齐也，不可得矣；引而置之庄岳[④]之间数年，虽日挞而求其楚，亦不可得矣。子谓薛居州，善士也，使之居于王所。在于王所者，长幼卑尊皆薛居州也，王谁与为不善？在王所者，长幼卑尊皆非薛居州也，王谁与为善？一薛居州，独如宋王何？”

【注释】

①戴不胜：人名，宋国大臣。

②之：动词，向，往，到。

③咻（xiu）：喧哗干扰。

④庄岳：齐国的街里名。庄，街名；岳，里名。

【译文】

孟子对戴不胜说：“你希望你的君王向善吗？我明白告诉你吧。比如说有一位楚国的大夫，希望他的儿子学会说齐国话，是找齐国的人来教他好呢？还是找楚国的人来教他好？”戴不胜说：“找齐国人来教他好。”

孟子说：“如果一个齐国人来教他，却有许多楚国人在他周围观楚国话来干扰他，即使你每天鞭打他，要求他说齐国话，那也是不可能的。反之，如果把他带到齐国去，住在齐国的某个街市比方说名叫庄岳的地方，在那里生活几年，那么，即使你每天鞭打他，要求他说楚国话，那也是不可能的了。你说薛居州是个好人，要他住在王宫中。如果在王宫中的人，无论年龄大小还是地位高低都是像薛居州那样的好人，那君王和谁去做坏事呢？相反，如果在王宫中的人，无论年龄大小还是地位高低都不是像薛居州那样的好人，那君王又和谁去做好事呢？单单一个薛居州能把宋王怎么样呢？”

三十八、不见诸侯何义？

公孙丑问曰："不见诸侯何义？"

孟子曰："古者不为臣不见。段干木[①]逾垣而辟[②]之，泄柳闭门而不内[③]，是皆已甚；迫，斯可以见矣。阳货欲见孔子[④]而恶无礼，大夫有赐于士，不得受于其家，则往拜其门。阳货瞰[⑤]孔子之亡也，而馈孔子蒸豚；孔子亦瞰其亡也，而往拜之。当是时，阳货先，岂得不见？曾子曰：'胁肩馅笑，病于夏畦[⑥]。'子路[⑦]曰：'未同而言，观其色赧赧然，非由之所知也。'由是观之，则君子之所养，可知已矣。"

【注释】

① 段干木：姓段干，名木，晋国人，清高而不屑为官。魏文侯去拜访他，他却翻墙逃走不见。

② 辟：同"避"。

③ 泄柳：人名，鲁穆公时人。办同"纳"。

④ 阳货欲见孔子：事见《论语·阳货》（17·1）。"见"在这里作使动用法，是阳货想让孔子来拜见他的意思。

⑤ 瞰：窥视。

⑥ 胁肩谄笑，病于夏畦：胁肩，耸起肩头，故作恭敬的样子。胁肩谄笑形容逢迎谄媚的丑态。畦：本指菜地间划分的行列，这里作动词用，指在菜地

里劳动。

【译文】

公孙丑问道："不主动去拜见诸侯是什么道理？"

孟子说："在古代，一个人如果不是诸侯的臣属便不去拜见。段干木跳墙躲避魏文侯，泄柳闭门不接待鲁穆公，这些都做得过分了。迫不得已时，见还是应该见的。从前阳货想要孔子去拜见他，又厌恶别人说他不懂礼仪。大夫如果对士人有所赏赐，士人没有在家亲自接受的话，就得上大夫家去拜谢。于是，阳货便趁孔子不在家的时候，给孔子送去一只蒸乳猪。孔子也打听到阳货不在家时，前去拜谢。当时，要是阳货真心诚意地先去看孔子，孔子难道不去拜见他吗？曾子说：'耸起两个肩头，做出一副讨好人的笑脸，这真比顶着夏天的毒日头在菜地里干活还要令人难受啊！'子路说：'分明不愿意和那人谈话，却要勉强去谈，脸上还做出羞惭的样子，这种人不是我所能够理解的。'从这里看来，君子是怎样修养自己的，就可以知道了。"

三十九、攘其邻鸡

戴盈之①曰："什一，去关市之征，今兹②未能，请轻之，以待来年，然后已，何如？"

孟子曰："今有人日攘③其邻之鸡者，或告之曰：是非君子之道！'曰：'请损之，月攘一鸡，以待来年，然后已。'——如知其非义，斯速已矣，何待来年？"

【注释】

① 戴盈之：人名，宋国大夫。

② 兹：年。

③ 攘；偷。

【译文】

戴盈之说："税率十分抽一，免除关卡和市场的征税，今年内还办不到，请让我们先减轻一些，等到明年再彻底实行，怎么样？"

孟子说："现在有一个人每天偷邻居家的一只鸡，有人告诫他说：'这不是正派人的行为！'他便说：'请让我先减少一些，每月偷一只，等到明年再彻底洗手不干。'——如果知道这种行为不合于道义，就应该赶快停止，为什么要等到明年呢？”

四十、廉洁之士

匡章[1]曰：“陈仲子[2]岂不诚廉士哉？居於陵[3]，三日不食，耳无闻，目无见也。井上有李，螬食实者过半矣[4]，匍匐往，将食之[5]三咽，然后耳有闻，目有见。”

孟子曰：“于齐国之士，吾必以仲子为巨擘[6]焉。虽然，仲子恶能廉？充仲子之操，则蚓而后可者也。夫蚓，上食槁壤，下饮黄泉。仲子所居之室，伯夷之所筑与？抑亦盗跖[7]之所筑与？所食之粟，伯夷之所树与？抑亦盗跖之所树与？是未可知也。”

曰：“是何伤哉？彼身织屦，妻辟绰[8]，以易之也。”

曰：“仲子，齐之世家也，兄戴，盖[9]禄万钟。以兄之禄为不义之禄而不食也，以兄之室为不义之室而不居也，辟兄离母，处于於陵。他日归，则有馈其兄生鹅者，己频顣[10]：‘恶用是鶂鶂[11]者为哉？’他日，其母杀是鹅也，与之食之。其兄自外至，曰：‘是鶂鶂之肉也！’出而哇[11]之。以母则不食，以妻则食之；以兄之室则弗居，以於陵则居之。是尚为能充其类也乎？若仲子者，蚓而后充其操者也。”

【注释】

① 匡章：齐国名将，其言行见于《战国策·齐策》《燕策》和《吕氏春秋·不屈》《爱类》。

② 陈仲子：齐国人，又称田仲、陈仲、於（wū）陵仲子等。

③ 於陵：地名，在今山东长山县南，距临淄约二百里。

④ 螬（cáo）：即蛴螬，俗称"地蚕"、"大蚕"，是金龟子的幼虫。

⑤ 将：拿，取。

⑥ 巨擘（bó）：大拇指，引申为在某一方面杰出的人或事物。

⑦ 盗跖：所说是春秋时有名的大盗，柳下惠的兄弟。

⑧ 辟𬙋（lú）：绩麻练麻。绩麻为辟，练麻为𬙋。

⑨ 盖（gě）：地名，是陈戴的封邑。

⑩ 频顣（cù）：即颦蹙，不愉快的样子。

⑪ 鶂鶂（yi）：鹅叫声。

⑫ 哇：吐。

【译文】

匡章说："陈仲子难道不是一个真正廉洁的人吗？住在於陵这个地方，三天没有吃东西，耳朵没有了听觉，眼睛没有了视觉。井上有个李子，金龟子的幼虫已经吃掉了一大半，他爬过去，拿过来吃，吞了三口，耳朵才恢复了听觉，眼睛才恢复了视觉。"

孟子说："在齐国人中间，我一定把仲子看成大拇指。但是，他怎么能叫做廉洁？要推广仲子的操守，那只有把人变成蚯蚓之后能办到。蚯蚓，在地面上吃干土，在地面下喝泉水。可仲子所住的房屋，是像伯夷那样廉洁的人所建筑的呢？还是像盗跖那样的强盗所建筑的呢？他所吃的粮食，是像伯夷

那样廉洁的人所种植的呢？还是像盗跖那样的强盗所种植的呢？这个还是不知道的。”

匡章说：“那有什么关系呢？他亲自编草鞋，他妻子绩麻练麻，用这些去交换其他生活用品。”

孟子说：“仲子是齐国的宗族世家，他的哥哥陈戴在盖邑的俸禄便有几万石之多。可他却认为他哥哥的俸禄是不义之财而不去吃，认为他哥哥的住房是不义之产而不去住，避开哥哥，离开母亲，住在於陵这个地方。有一天他回家里去，正好看到有人送给他哥哥一只鹅，他皱着眉头说：‘要这种呃呃叫的东西做什么呢？’过了几天，他母亲把那只鹅杀了给他吃，他的哥哥恰好从外面回来，看见后便说：‘你吃的正是那呃呃叫的东西的肉啊！’他连忙跑出门去，哇的一声便呕吐了出来。母亲的食物不吃，却吃妻子的；哥哥的房屋不住，却住在於陵，这能够算是推广他的廉洁的操守吗？像他那样做，只有把人变成蚯蚓之后才能够办到。”

四十一、不以规矩，不成方圆

孟子曰："离娄[①]之明、公输子[②]之巧，不以规矩，不能成方圆；师旷[③]之聪，不以六律[④]，不能正五音[⑤]；尧舜之道，不以仁政，不能平治天下。今有仁心仁闻[⑥]而民不被其泽，不可法于后世者，不行先王之道也。故曰，徒善不足以为政，徒法不能以自行。《诗》云：'不愆不忘，率由旧章[⑦]。'遵先王之法而过者，未之有也。圣人既竭目力焉，继之以规矩准绳，以为方圆平直，不可胜用也；既竭耳力焉，继之以六律正五音，不可胜用也；既竭心思焉，继之以不忍人之政，而仁覆天下矣。故曰，为高必因丘陵，为下必因川泽；为政不因先王之道，可谓智乎？是以惟仁者宜在高位。不仁而在高位，是播其恶于众也。上无道揆[⑧]也，下无法守也，朝不信道，工不信度，君子犯义，小人犯刑，国之所存者幸也。故曰城郭不完，兵甲不多，非国之灾也；田野不辟，货财不聚，非国之害也。上无礼，下无学，贼民兴，丧无日矣。《诗》曰：'天之方蹶，无然泄泄[⑨]。'泄泄犹沓沓也。事君无义，进退无礼，言则非[⑩]先王之道者，犹沓沓也。故曰，责难于君谓之恭，陈善闭邪谓之敬，吾君不能谓之贼。"

【注释】

① 离娄：相传为黄帝时人，目力极强，能于百步之外望见秋毫之末。

② 公输子：即公输班（“班”也被写成“般”、“盘”），鲁国人，所以又叫鲁班，古代著名的巧匠。约生活于鲁定公或者哀公的时代，年岁比孔子小，比墨子大。事迹见于《礼记·檀弓》《战国策》《墨子》等书。

③ 师旷：春秋时晋国的乐师，古代极有名的音乐家。事迹见于《左传》《礼记》《国语》等。

④ 六律：中国古代将音律分为阴吕、阳律两部分，各有六种音，六律即阳律的六音，分别是太簇、姑洗、蕤宾、夷则、无射、黄钟。

⑤ 五音：中国古代音阶名称，即宫、商、角、徵、羽，相当于简谱中的1、2、3、5、6这五音。

⑥ 闻：名声。

⑦ 不愆不忘，率由旧章：引自《诗经·大雅·假乐》。愆（qiān），过失；率，遵循。

⑧ 揆（kuí）：度量。

⑨ 天之方蹶，无然泄泄（yì）：引自《诗经·大雅·板》。蹶，动；泄泄，多言，话多。

⑩ 非：诋毁。

【译文】

孟子说：“即使有离娄那样好的视力，公输子那样好的技巧，如果不用圆规和曲尺，也不能准确地画出方形和圆形；即使有师旷样好的审音力，如果不用六律，也不能校正五音；即使有尧舜的学说，如果不实施仁政，也不能治理好天下。现在有些诸侯，虽然有仁爱的心和仁爱的名声，但老百姓却受不到他的恩泽，不能成为后世效法的楷模，这是因为他没有实施前代圣王的仁政的缘故。所以说，只有好心，不足以治理政治；只有好办法，好办研能够自己实行起来。《诗经》说：‘不要偏高啊不要遗忘，一切遵循原来的规章。’遵循前代圣王的法度而犯错误的，是从来没有过的。圣人既用尽了目力，又用圆规、曲尺、水准、绳墨等来制作方的、圆的、平的、直的东西，那些东西便用之不尽了；圣人既用尽了听力，又用六律来校正五音，各种音阶也就运用无穷了；圣人既用尽了脑力，又施行不忍人的仁政，他的仁爱之德便覆盖于天下了。所以说，筑高台一定要凭借山陵；挖深池一定要凭借山沟沼泽；如果执政不凭借前代圣王的办法，能够说是明智吗？所以只有仁慈的人才应该居于统治地位。如果不仁慈的人占据了统治地位，就会把他的恶行败德传播给老百姓。在上的没有道德规范，在下的人没有法规制度；朝廷不信道义，工匠不信尺度，官吏触犯义理，百姓触犯刑律。如此下去，国家还能生存就真是太侥幸了。所以说，城墙不坚固，武器不充足，这不是国家的灾难；田野没开辟，物资不富裕，这不是国家的祸害；如果在上位的人没有礼义，在下位的人没有教育，违法乱纪的人越来越多，国家的灭亡也就快了。《诗经》说：‘上天正在降骚乱，不要多嘴又多言。’多嘴多言就是拖沓啰嗦。侍奉君主不讲忠义，行为进退不讲礼仪，说话便诋毁前代圣王之道，这就是拖沓啰嗦。所以说，用高标准来要求君王就叫做‘恭’，向君王出好主意而堵塞坏主意就叫做‘敬’，认为自己的君王不能行仁政就叫做‘贼’。”

四十二、三代之得天下也以仁

孟子曰："三代之得天下也以仁，其失天下也以不仁。国之所以废兴存亡者亦然。天子不仁，不保四海；诸侯不仁，不保社稷；卿大夫不仁，不保宗庙[①]；士庶人不仁，不保四体。今恶死亡而乐不仁，是犹恶醉而强[②]酒。"

【注释】

① 宗庙：这里指采邑（封地），因为卿大夫先有采邑然后才有宗庙。

② 强：勉强。

【译文】

孟子说："夏商周三代获得天下是由于仁，失去天下是由于不仁。诸侯国家的兴衰存亡也是由于同样的原因。天子不仁，不能够保有天下；诸侯不仁，不能够保住国家；卿大夫不仁，不能够保住祖庙；士人和平民百姓不仁，不能够保全身家性命。现在的人既害怕死亡却又乐于做不仁义的事，这就好像既害怕醉却又偏偏要拼命喝酒一样。"

四十三、天下之本在国

孟子曰："人有恒言，皆曰，'天下国家。'天下之本在国，国之本在家，家之本在身。"

【译文】

孟子说："人们有句口头语，都说'天下国家。'天下的基础是国，国的基础是家，家的基础是个人。"

四十四、不仁者可与言哉？

孟子曰："不仁者可与言哉？安其危而利其菑[①]，乐其所以亡者。不仁而可与言，则何亡国败家之有？有孺子歌曰：'沧浪[②]之水清兮，可以濯[③]我缨[④]；沧浪之水浊兮，可以濯我足。'孔子曰：'小子听之！清斯濯缨，浊斯濯足矣。自取之也。'夫人必自侮，然后人侮之；家必自毁，而后人毁之；国必自伐，而后人伐之。《太甲》曰：‘天作孽，犹可违；自作孽，不可活。’此之谓也。”

【注解】

① 菑：同“灾”。

② 沧浪：前人有多种解释。或认为是水名（汉水支流），或认为是地名（湖北均县北），或认为是指水的颜色（青苍色）。各种意思都不影响对原文的理解。

③ 濯（Zhuo）：洗。

④ 缨：系帽子的丝带。

【译文】

孟子说：“不仁的人难道可以和他商议吗？他们对别人的危险心安理得，从别人的灾难中牟利，把导致家破国亡的事当作乐趣。不仁的人如果可以和他商议，那怎么会有国亡家破的事发生呢？从前有个小孩子唱道：‘沧浪的水清呀，可以洗我的帽缨；沧浪的水浊呀，可以洗我的双脚。’孔子听了说：‘弟子们听好了啊！水清就用来洗帽缨，水浊就用来洗双脚，这都是因为水自己造成的。’所以，一个人总是先有自取其辱的行为，别人才侮辱他；一个家庭总是先有自取毁坏的因素，别人才毁坏它；一个国家总是先有自取讨伐的原因，别人才讨伐它。《尚书·太甲》说：‘上天降下的灾害还可以逃避；自己造成的罪孽可就无处可逃了。’说的就是这个意思。”

四十五、为渊驱鱼

孟子曰："桀纣之失天下也，失其民也；失其民者，失其心也。得天下有道：得其民，斯得天下矣；得其民有道：得其心，斯得民矣；得其心有道：所欲与之聚之，所恶勿施，尔也①。民之归仁也，犹水之就下、兽之走圹②也。故为渊驱鱼者，獭也；为丛驱爵③者，鹯④也；为汤武驱民者，桀与纣也。今天下之君有好仁者，则诸侯皆为之驱矣。虽欲无王，不可得已。今之欲王者，犹七年之病求三年之艾⑤也。苟为不畜，终身不得。苟不志于仁，终身忧辱，以陷于死亡。《诗》云：'其何能淑，载胥及溺⑥。'此之谓也。"

【注解】

① 尔也：如此罢了。

② 圹：同"旷"，旷野。

③ 爵：同"雀"。

④ 鹯（zhān）：一种像鹞鹰的猛禽。

⑤ 艾：即陈艾，常用于灸病，存放时间越久，疗效越好。

⑥ 其何能淑，载胥及溺：引自《诗经·大雅·桑柔》。淑，善，好；载，句首语助词，无义；胥，相；及，与；溺，落水。

【译文】

孟子说："桀和纣之所以失去天下，是因为失去了老百姓的支持；之所以失去老百姓的支持，是因为失去了民心。获得天下有办法：获得老百姓的支持，便可以获得天下；获得老百姓的支持有办法：获得民心，便可以获得老百姓的支持；获得民心也有办法：他们所希望的，就满足他们，他们所厌恶的，就不强加在他们身上。如此罢了。老百姓归服仁德，就像水往低处流，兽向旷野跑一样。所以，替深池把鱼赶来的是吃鱼的水獭；替森林把鸟雀赶来的是吃鸟雀的鹞鹰；替商汤王、周武王把老百姓赶来的是残害老百姓的夏桀和殷纣王。当今之世，如果有哪位诸侯喜好仁德，那么，其他诸侯都会替他把老百姓赶来。就是他不想统一天下，也会身不由己了。现在那些希望统一天下的人，就像害了七年的病需要用三年以上的陈艾来治疗一样，如果平常不栽培积蓄，终身都得不到。同样的道理，如果平常不立志行仁，终身都会忧患受辱，一直到陷入死亡的深渊。《诗经》说：'那如何做得好，不过是相率落水罢了。'正是说的这个意思。"

四十六、自暴自弃

孟子曰："自暴[1]者，不可与有言也；自弃者，不可与有为也。言非[2]礼义，谓之自暴也；吾身不能居仁由义，谓之自弃也。仁，人之安宅也；义，人之正路也。旷安宅而弗居，舍正路而不由，哀哉！"

【注解】

① 暴：损害，糟蹋。

② 非：诋毁。

【译文】

孟子说："自己糟蹋自己的人，和他没有什么好说的；自己抛弃自己的人，不能喝他做出有价值的事业。出言诋毁礼义，叫做自己糟蹋自己。自认为不能居仁心，行正义，叫做自己抛弃自己。仁，是人类最安适的精神住宅；义，是人类最正确的光明大道。把最安适的住宅空起来不去住，把最正确的大道舍弃在一边不去走，这可真是悲哀啊！"

四十七、亲其亲，长其长

孟子曰："道在迩[①]而求诸远，事在易而求诸难：人人亲其亲，长其长[②]，而天下平。"

【注解】

①迩：近。

②亲其亲，长其长：前一个"亲"和"长"作动词，后一个"亲"和"长"作名词，宾语。

【译文】

孟子说："本来很近的路，却偏偏要跑老远去求；本来很容易的事，却偏偏要往难处去做：其实，只要人人都亲近自己的亲人，尊敬自己的长辈，天下就可以太平了。"

四十八、诚者，天之道也

孟子曰："居下位而不获于上，民不可得而治也；获于上有道：不信于友，弗获于上矣；信于友有道：事亲弗悦，弗信于友矣；悦亲有道：反身不诚，不悦于亲矣；诚身有道：不明乎善，不诚其亲身矣。是故诚者，天之道也；思诚者，人之道也。至诚而不动者，未之有也；不诚，未有能动者也。"

【译文】

孟子说："在下位的人，如果得不到在上位的人信任，就不可能治理好平民百姓。得到在上位的人信任有办法：得不到朋友的信任就得不到在上位的人信任；得到朋友的信任有办法：侍奉父母，不能够使父母高兴，就不能够得到朋友的信任；使父母高兴有办法：自己不真诚就不能够使父母高兴；使自己真诚有办法：不明白什么是善就不能够使自己真诚。所以，真诚是上天的原则，追求真诚是做人的原则。极端真诚而不能够使人感动的，是没有过的；不真诚是不能够感动人的。"

四十九、观其眸子

孟子曰："存[①]乎人者，莫良于眸子。眸子不能掩其恶。胸中正，则眸子瞭[②]焉；胸中不正，则眸子眊[③]焉。听其言也，观其眸子，人焉廋[④]哉？"

【注释】

①存：察。

②瞭：明。

③眊（mào）：不明，蒙眊。

④廋（sōu）：藏匿。

【译文】

孟子说："观察一个人，再没有比观察他的眼睛更好的了。眼睛不能掩盖一个人的丑恶。心中光明正大，眼睛就明亮；心中不光明正大，眼睛就昏暗不明，躲躲闪闪。所以，听一个人说话的时候，注意观察他的眼睛，他的善恶真伪能往哪里隐藏呢？"

五十、嫂溺，叔援以手

淳于髡[1]曰："男女授受不亲，礼与？"

孟子曰："礼也。"

曰："嫂溺，则援之以手乎？"

曰："嫂溺不援，是豺狼也。男女授受不亲，礼也；嫂溺，援之以手者，权[2]也。"

曰："今天下溺矣，夫子之不援，何也？"

曰："天下溺，援之以道；嫂溺，援之以手——子欲手援天下乎？"

【注释】

① 淳于髡（kūn）：齐国著名辩士，曾在齐威王、齐宣王和梁惠王的朝廷做官。事迹见于《战国策·齐策》《史记·孟荀列传》《史记·滑稽列传》等。

② 权：本指秤锤，衡量轻重。引申为衡量轻重而变通处理，即变通之意。

【译文】

淳于髡问："男女之间不亲手递接东西，这是礼的规定吗？"

孟子说："是的。"

淳于髡又问："那么，假如嫂嫂掉在水里，小叔子用手

去拉她吗？”

孟子说：“嫂嫂掉在水里而不去拉，这简直是豺狼！男女之间不亲手递接东西，这是礼的规定；嫂嫂掉在水里，小叔子用手去拉她，这是通权达变。”

淳于髡说：“现在整个天下都掉在水里了，先生不去救援，这又是为什么呢？”

孟子说：“整个天下掉在水里了，要用‘道’去救援；嫂嫂掉在水里，用手去拉就可以了——您难道要我用手去救援天下吗？”

五十一、不虞之誉

孟子曰：“有不虞[1]之誉，有求全之毁。”

【注释】

① 虞：预料。

【译文】

孟子说：“有意料不到的赞誉，也有过分苛求的诋毁。”

五十二、好为人师

孟子曰："人之患在好为人师。"

【译文】

孟子说："人的毛病在于喜欢做别人的老师。"

五十三、不孝有三

孟子曰："不孝有三，无后为大。舜不告而娶，为无后也。君子以为犹告也。"

【译文】

孟子说："不孝的情况有三种，其中以没有后代的罪过为最大。舜没有禀告父母就娶妻，为的就是怕没有后代。所以，君子认为他虽然没有禀告，但实际上和禀告了一样。"

五十四、舜生于诸冯

孟子曰：“舜生于诸冯，迁于负夏，卒于鸣条[①]；东夷之人也。文王生于岐周[②]，卒于毕郢[③]，西夷之人也。地之相去也，千有余里；世之相后也，千有余岁：得志行乎中国，若合符节[④]。先圣后圣，其揆一也。”

【注释】

① 诸冯、负夏、鸣条：舜是传说中的人物，此三处地名更无法确指。

② 岐周：周为周代国名，岐即今之岐山。

③ 毕郢：地名，可能就是《吕氏春秋·具备篇》所提及的“毕程”，在今陕西咸阳市东二十一里。

④ 符节：符和节都是古代表示印信之物，一般是可剖成两半，各执一半，相合无差，以代印信。

【译文】

孟子说舜帝诞生在诸冯，迁居到负夏，逝世于鸣条，是东方人。文王诞生在周国的岐山，逝世在毕郢，是西方人。两地距离有一千多里；时代相隔有一千多年。得到机会施展才华，便畅行于中原大地，情景都是非常吻合的。只是先伟大后伟大的区别，但模式都是一样的。”

五十五、子产听政

子产①听郑国之政，以其乘舆②济人于溱洧③。孟子曰：“惠而不知为政。岁十一月④，徒杠⑤成；十二月，舆梁⑥成，民未病涉也。君子平其政，行辟⑦人可也，焉得人人而济之？故为政者，每人而悦之，日亦不足矣。”

【注释】

① 子产：名公孙侨，字子产，春秋时郑国的贤宰相。

② 乘舆：指子产乘坐的车子。

③ 溱（zhēn）洧（wěi）：两条河水的名称，会合于河南密县。

④ 十一月：周历十一月为夏历九月，下文十二月为夏历十月。

⑤ 徒杠：可供人徒步行走的小桥。

⑥ 舆梁：能通车马的大桥。

⑦ 辟：开辟，即开道的意思。

【译文】

子产主持郑国的政事时，曾经用自己乘的车去帮助人们渡过溱水和洧水。孟子评论说：“这是小恩小惠的行为，并不懂得从政．如果他十一月修成走人的桥，十二月修成过车马的桥，老百姓就不会为渡河而发愁了。在上位的人只要把政事治理好，就是出门鸣锣开道都可以，怎么能够去帮助百姓一个一个地渡河呢？如果执政的人要去讨得每个人的欢心，那时间可就太不够用了。”

五十六、君臣之道

孟子告齐宣王曰：“君之视臣如手足，则臣视君如腹心；君之视臣如犬马，则臣视君如国人；君之视臣如土芥，则臣视君如寇仇。”

王曰：“礼，为旧君有服①，何如斯可为服矣？”

曰：“谏行言听，膏泽下于民；有故而去，则君使人导之出疆，又先于其所往；去三年不反，然后收其田里。此之谓三有礼焉。如此，则为之服矣。今也为臣，谏则不行，言则不听；膏泽不下于民；有故而去，则君搏执之，又极②之于其所往；去之日，遂收其田里。此之谓寇仇。寇仇，何服之有？”

【注释】

① 为旧君有服：指离职的臣子为原先的君主服孝。

②极：穷困，这里作使动用法，意思是使其处境极端困难。

【译文】

孟子告诉齐宣王说："君主把臣下当手足，臣下就会把君主当腹心；君主把臣下当狗马，臣下就会把君主当一般不相干的人；君主把巨下当泥土草芥，臣下就会把君主当仇敌。"

齐宣王说："礼制规定，已经离职的臣下也应为过去的君主尽孝。君主要怎样做才能使他们为他服孝呢？"

孟子说："臣下有劝谏，君主接受；臣下有建议，君主听从。政治上的恩惠下达到老百姓。臣下有什么原因不得不离去，君主打发人送他出国境，并派人先到臣下要去的地方作一番安排布置，离开了三年还不回来，才收回他的土地和房屋。这就叫做三有礼。这样做了，臣下就会为他服孝。如今做臣下的，劝谏，君王不接受；建议，君王不听从。政治上的恩惠到不了老百姓身上。臣下有什么原因不得不离去，君主把他捆绑起来，还想方设法使他到所去的地方穷困万分，离开的当天就收回他的土地和房屋。这种情况叫做仇敌。君臣之间像仇敌一样，还有什么孝可服呢？"

五十七、有所不为

孟子曰："人有不为也，而后可以有为。"

【译文】

孟子说："人要有所不为，然后才能有所为。"

五十八、言不必信，行不必果

孟子曰："大人者，言不必信，行不必果，惟义所在。"

【译文】

孟子说："通达的人说话不一定句句守信，做事不一定非有结果不可，只要合乎道义就行。"

五十九、赤子之心

孟子曰："大人者，不失其赤子[1]之心者也。"

【注释】

① 赤子：婴儿。

【译文】

孟子说："伟大的人是童心未泯的人。"

六十、博学详说

孟子曰："博学而详说之，将以反说约也。"

【译文】

孟子说："广博地学习，详尽地解说，目的在于融会贯通后返归到简约去。”

六十一、声闻过情

徐子[1]曰：“仲尼亟[2]称于水，曰：‘水哉，水哉！’何取于水也？”

孟子曰：“源泉混混[3]，不舍昼夜，盈科[4]而后进，放乎四海。有本者如是，是之取尔[5]。苟为无本，七八月之间雨集，沟浍[6]皆盈；其涸也，可立而待也。故声闻[7]过情，君子耻之。”

【注释】

① 徐子：孟子的学生徐辟。

② 亟：屡次。

③ 混混：通“滚滚”，水势盛大的样子。

④ 科：坎。

⑤ 是之取尔：即“取是尔”的倒装句，意思是“取这个罢了”。

⑥ 浍（kuài）：大沟渠。

⑦ 声闻：名声，名誉。

【译文】

徐子说：“孔子曾多次赞叹水，说：‘水啊！水啊！’

他到底觉得水有什么可取之处呢？”

孟子说：“水从源泉里滚滚涌出，日夜不停地流着，把低洼之处一一填满，然后又继续向前，一直流向大海。它是如此永不枯竭，奔流不息。孔子所取的，就是它的这种特性啊。试想，如果水没有这种永不枯竭的本源，就会像那七八月间的暴雨一样，虽然也可以一下子灌满大小沟渠，但也会一下子就干涸枯竭了。所以，声望名誉超过了实际情形，君子就会感到羞耻。”

六十二、逢蒙杀羿

逢蒙[①]学射于羿，尽羿[②]之道，思天下惟羿为愈己，于是杀羿。孟子曰：“是亦羿有罪焉。

公明仪曰：“宜若无罪焉。”

曰：“薄乎云尔，恶得无罪？郑人使子濯孺子侵卫，卫使庾公之斯追之。子濯孺子曰：‘今日我疾作，不可以执弓，吾死矣夫！’问其仆曰：‘追我者谁也？’其仆曰：‘庾公之斯也。’曰：‘吾生矣。’其仆曰：‘庾公之斯，卫之善射者也；夫子曰吾生，何谓也？’曰：‘庾公之斯学射于尹公之他，尹公之他学射于我。夫尹公之他，端人也，其取友必端矣。’庾公之斯至，曰：‘夫子何为不执弓？’曰：‘今日我疾作，不可以执弓。’曰：‘小人学射于尹公之他，尹公之他学射于夫子。我不忍以夫子之道反害夫子。虽然，今日之事，君事也，我不敢废。’抽矢，扣轮，去其金，发乘矢[3]而后反。”

【注释】

① 逢（péng）蒙：羿的学生和家众，后来叛变，帮助寒浞杀了羿。

② 羿：又称后羿，传说是夏代有穷国的君主。

③ 乘矢：四支箭。

【译文】

逢蒙跟羿学射箭，学得了羿的技巧后，他便想，天下只有羿的箭术比自己强了，于是便杀死了羿。孟子说：“这事也有羿自己的罪过。”

公明仪说：“羿不该有什么罪过吧。”

孟子说：“罪过不大罢了，怎么能说没有呢？从前郑国派子濯孺子侵入卫国，卫国派庾公之斯追击他。子濯孺子说：‘今天我的病发作了，不能够拿弓，我死定了！’又问给他驾车的人说：‘追我的人是谁呀？’驾车的人答道：‘庾公之斯是卫国著名的射手，先生反而说不会死了，这是为什么呢？’子濯孺子说：‘庾公之斯是向尹公之他学的射箭，尹公之他是向我学的射箭。那尹公之他是个正直的人，他所选择的朋友也一定正直。’庾公之斯追上来了，问：‘先生为什么不拿弓呢？’子濯孺子说：‘今天我疾病发作，不能够拿弓’庾公之斯说：‘我跟尹公之他学射箭，尹公之他又跟您学射箭。我不忍心用您的箭术反过来害您。不过，今天这事是国家的公事，我不敢不做。’于是抽出箭，在车轮上敲打了几下，把箭头敲掉，发了四箭然后就回去了。”

六十三、西子蒙不洁

孟子曰：“西子[1]蒙不洁，则人皆掩鼻而过之；虽有恶[2]人，斋戒沐浴，则可以祀上帝。”

【注释】

① 西子：指春秋时越国美女西施，这里以她代指美女。

② 恶：这里与“西子”相对，主要指丑陋。

【译文】

孟子说：“像西施那么美丽的女子，如果她沾染上污秽恶臭的东西，别人也会捂着鼻子走过去；虽然是一个面貌奇丑的人，如果他斋戒沐浴，也同样可以祭祀上帝。”

六十四、君子所以异于人者

孟子曰："君子所以异于人者，以其存心也。君子以仁存心，以礼存心。仁者爱人，有礼者敬人。爱人者，人恒爱之；敬人者，人恒敬之。有人于此，其待我以横逆[1]，则君子必自反也：我必不仁也，必无礼也，此物[2]奚宜至哉？其自反而仁矣，自反而有礼矣，其横逆由[3]是也，君子必自反也：我必不忠。自反而忠矣，其横道由是也，君子曰：'此亦妄人也已矣。如此，则与禽兽奚择[4]哉？于禽兽又何难[5]焉？'是故君子有终身之忧，无一朝之患也。乃若所忧则有之：舜，人也；我，亦人也。舜为法[6]于天下，可传于后世，我由未免为乡人也，是则可忧也。忧之如何？如舜而已矣。若夫君子所患则亡矣。非仁无为也，非礼无行也。如有一朝之患，则君子不患矣。"

【注释】

① 横逆：蛮横无礼。

② 此物：指上文所说"横逆"的态度。奚宜：怎么应当。

③ 由：通"犹"。下文"我由未免为乡人也"中的"由"也通"犹"。

④ 择：区别。

⑤ 难：责难。

⑥法：楷模。

【译文】

孟子说：“君子与一般人不同的地方在于，他内心所怀的念头不同。君子内心所怀的念头是仁，是礼。仁爱的人爱别人，礼让的人尊敬别人。爱别人的人，别人也经常爱他；尊敬别人的人，别人也经常尊敬他。假定这里有个人，他对我蛮横无礼，那君子必定反躬自问：我一定不仁，一定无礼吧，不然的话，他怎么会对我这样呢？如果反躬自问是仁的，是有礼的，而那人仍然蛮横无礼，君子必定再次反躬自问：我一定不忠吧？如果反躬自问是忠的，而那人仍然蛮横无礼，君子就会说：‘这人不过是个狂人罢了。“这样的人和禽兽有什么区别呢？而对禽兽又有什么可责难的呢？’所以君子有终身的忧虑，但没有一朝一夕的祸患。比如说这样的忧虑是有的：舜是人，我也是人；舜是天下的楷模，名声传于后世，可我却不过是一个普通人而已。这个才是值得忧虑的事。忧虑又怎么办呢？像舜那样做罢了。至于君子别的什么忧患就没有了。不是仁爱的事不干，不合于礼的事不做。即使有一朝一夕的祸患来到，君子也不会感到忧患了。”

六十五、齐人有一妻一妾

齐人有一妻一妾而处室者，其良人[①]出，则必餍[②]酒肉而后反。其妻问所与饮食者，则尽富贵也。其妻告其妾曰："良人出，则必餍酒肉而后反；问其与饮食者，尽富贵也，而未尝有显者来，吾将瞷[③]良人之所之也。"

蚤[④]起，施[⑤]从良人之所之，遍国中[⑥]无与立谈者。卒之东郭墦间[⑦]，之祭者，乞其余；不足，又顾而之他——此其为餍足之道也。其妻归，告其妾，曰："良人者，所仰望而终身也，今若此！"与其妾讪[⑧]其良人，而相泣于中庭[⑨]，而良人未之知也，施施[⑩]从外来，骄其妻妾。

由君子观之，则人之所以求富贵利达者，其妻妾不羞也，而不相泣者，几希矣！

【注释】

① 良人：古代妇女对丈夫的称呼。

② 餍（yàn）：饱。

③ 瞷（jiàn）：窥视。

④ 蚤：同"早"。

⑤ 施（yí）：斜。这里指斜行，斜从跟随，以免被丈夫发现。

⑥ 国中：都城中。

⑦ 墦间：坟墓间。

⑧ 讪：讥消、讥骂。

⑨ 中庭：庭中。

⑩ 施施（shī）：得意洋洋的样子。

【译文】

齐国有一个人，家里有一妻一妾。那丈夫每次出门，必定是吃得饱饱，喝得醉醺醺地回家。他妻子问他一道吃喝的是些什么人，据他说来全都是些有钱有势的人。他妻子告诉他的妾说："丈夫出门，总是酒醉肉饱地回来；问他和些什么人一道吃喝，据他说来全都是些有钱有势的人，但我们却从来没见到什么有钱有势的人物到家里面来过，我打算悄悄地看看他到底去些什么地方。"

第二天早上起来，她便尾随在丈夫的后面，走遍全城，没有看到一个人站下来和他丈夫说过话。最后他走到了东郊的墓地，向祭扫坟墓的人要些剩余的祭品吃；不够，又东张西望地到别处去乞讨——这就是他酒醉肉饱的办法。

他的妻子回到家里，告诉他的妾说："丈夫，是我们仰望而终身依靠的人，现在他竟然是这样的！"二人在庭院中咒骂着，哭泣着，而丈夫还不知道，得意洋洋地从外面回来，在他的两个女人面前摆威风。

在君子看来，人们用来求取升官发财的方法，能够不使他们的妻妾引以为耻而共同哭泣的，是很少的！

六十六、大孝终身慕父母

人少，则慕[1]父母；知好色，则慕少艾[2]；有妻子，则慕妻子；仕则慕君，不得于君则热中[3]。大孝终身慕父母。五十而慕者，予于大舜见之矣。

【注释】

①慕：爱慕，依恋。

②少艾：指年轻美貌的人。

③热中：焦急得心中发热。

【译文】

人在年幼的时候，爱慕父母；懂得喜欢女子的时候，就爱慕年轻漂亮的姑娘。有了妻子以后，便爱慕妻子；做了官便爱慕君王，得不到君王的赏识便内心焦急得发热。不过，最孝顺的人却是终身都爱慕父母。到了五十岁还爱慕父母的，我在伟大的舜身上见到了。

六十七、不以辞害志

故说诗者，不以文害辞，不以辞害志。以意逆[1]志，是为得之。如以辞而已矣，《云汉》之诗曰："周余黎民，靡有孑遗[2]。"信斯也，是周无遗民也。

【注释】

①逆：揣测。

②靡有：没有。孑遗：二字同义，都是"余"的意思。

【译文】

所以解说诗的人，不要拘于文字而误解词句，也不要拘于词句而误解诗人的本意。要通过自己读作品的感受去推测诗人的本意，这样才能真正读懂诗。如果拘于词句，那《云汉》这首诗说："周朝剩余的百姓，没有一个留存。"相信这句话，那就会认为周朝真是一个人也没有了。

六十八、圣人风范论

孟子曰："伯夷，目不视恶色，耳不听恶声。非其君，不事；非其民，不使。治则进，乱则退。横[①]政之所出，横民之所止，不忍居也。思与乡人处，如以朝衣朝冠坐于涂炭也。当纣之时，居北海之滨，以待天下之清也。故闻伯夷之风者，顽[②]夫廉，懦夫有立志。

"伊尹曰：'何事非君？何使非民？'治亦进，乱亦进，曰：'天之生斯民也，使先知觉后知，使先觉觉后觉。予，天民之先觉者也。予将以此道觉此民也。'思天下之民匹夫匹妇有不与被尧舜之泽者，若己推而内之沟中——其自任以天下之重也。

"柳下惠不羞污君，不辞小官。进不隐贤，必以其道。遗佚[③]而不怨，厄穷而不悯。与乡人处，由由然不忍去也。'尔为尔，我为我，虽袒裼裸裎[④]于我侧，尔焉能浼[⑤]我哉？'故闻柳下惠之风者，鄙夫[⑥]宽，薄夫[⑦]敦。

"孔子之去齐，接淅[⑧]而行；去鲁，曰：'迟迟吾行也，去父母国之道也！'可以速而[⑨]速，可以久而久，可以处而处，可以仕而仕，孔子也。"

孟子曰："伯夷，圣之清者也；伊尹，圣之任者也；柳下惠，圣之和者也；孔子，圣之时者也。孔子之谓集大成。集大成也者，金声而玉振之[10]也。金声也者，始条理也；玉振之也者，终条理也。始条理者，智之事也；终条理者，圣之事也。智，譬则巧也；圣，譬则力也。由[11]射于百步之外也，其至，尔力也；其中，非尔力也。”

【注释】

①横：暴。

②顽：贪婪。

③遗佚：不被重用。

④袒裼（xī）裸裎：四个字意思相近，同义复用，都是赤身露体的意思。

⑤浼：污染。

⑥鄙夫：心胸狭窄的人。

⑦薄夫：刻薄的人。

⑧接淅：淘米。

⑨而：则。以下几句同。

⑩金声：指钋（bó）钟发出的声音。玉振：指玉磬收束的余韵。古代奏乐，先以钋钟起音，结束以玉磬收尾。

⑪由：通“犹”。

【译文】

孟子说：“伯夷，眼睛不看丑陋的事物，耳朵不听邪恶的声音。不是他理想的君主，不侍奉；不是他理想的百姓，不使唤。天下太平就出来做官，天下混乱就隐退不出。施行暴政的国家，住有暴民的地方，他都不愿意居住。他认为和没有教养的乡下人相处，就像穿戴着上朝的礼服礼帽却坐在泥途或炭灰上一样。当殷纣王暴虐统治的时候，他隐居在渤海边，等待着天下太平。所以，听到过伯夷风范的人，贪得无厌的会变得廉洁，懦弱的会变得意志坚定。

“伊尹说：‘哪个君主不可以侍奉？哪个百姓不可以使唤？’所以，他是天下太平做官，天下混乱也做官。他说：‘上天生育这些百姓，就是要让先知的人来开导后知的人，先觉的人来开导后觉的人。我就是这些人中先知先觉的人，我要开导这些后知后觉的人。’他认为天下的百姓中，只要有一个普通男子或普通妇女没有承受到尧舜的恩泽，就好像是他自己把别人推进山沟之中去了一样——这就是他以挑起天下的重担为己任的态度。

“柳下惠不以侍奉坏君主为耻辱，也不因官小而不做。做官不隐藏自己的才能，坚持按自己的原则办事。不被重用不怨恨，穷困也不忧愁。与没有教养的乡下人相处，也照样很自在地不忍离去。他说：‘你是你，我是我，你就是赤身裸体在我旁边，对我又有什么污染呢？’所以，听到过柳下惠风范的人，心胸狭窄的会变得宽阔起来，刻薄的会变得厚道起来。

“孔子离开齐国的时候，不等把米淘完就走；离开鲁国时却说：‘我们慢慢走吧，这是离开父母之邦的路啊！’应该快就快，应该慢就慢；应该隐居就隐居，应该做官就做官。这就是孔子。”

孟子说：‘伯夷是圣人里面最清高的；伊尹是圣人里面最负责任的；柳下惠是圣人里面最随和的；孔子是圣人里面最识时务的。孔子可以称为集大成者。集大成的意思，就好比乐队演奏，以钋钟声开始起音，以玉磬声结束收尾。钋钟声起音是为了有条有理地开始，玉磬声收尾是为了有条有理地结束。有条有理地开始是智方面的事，有条育理地结束是圣方面的事。智好比是技巧，圣好比是力量。犹如在百步以外射箭，箭能射到靶子，是靠你的力量；射中靶心，却是靠技巧而不是靠力量。”

六十九、友其德也

万章问曰：“敢问友。”

孟子曰：“不挟①长，不挟贵，不挟兄弟而友。友也者，友其德也，不可以有挟也。孟献子②，百乘之家也，有友五人焉：乐正裘、牧仲，其三人，则予忘之矣。献子之与此五人者友也，无献子之家者也。此五人者，亦有献子之家，则不与之友矣。非惟百乘之家为然也，虽小国之君亦有之。费③惠公曰：‘吾于子思，则师之矣；吾于颜般，则友之矣；王顺、长息则事我者也，非惟小国之君为然也，虽大国之君亦有之。晋平公之于亥唐④也。’入云则入，坐云则坐，食云⑤则食；虽蔬食⑥菜羹，未尝不饱，盖不敢不饱也。然终于此而已矣。弗与共天位也，弗与治天职也，弗与食天禄也，士之尊贤者也，非王公之尊贤也。舜尚⑦见帝，帝馆甥⑧于贰室⑨，亦飨舜，迭为宾主，是天子而友匹夫也。用⑩下敬上，谓之贵贵；用上敬下，谓之尊贤。贵贵尊贤，其义一也。”

【注释】

① 挟：倚仗。

② 孟献子：鲁国大夫仲孙蔑。

③ 费（mì）：春秋时小国，旧地在今山东鱼台西南费亭。

④ 亥唐：晋国人。晋平公时，朝中多贤臣，但亥唐不愿为官，隐居穷巷，平公曾对他“致礼与相见面请事”，非常敬重。

⑤ 入云、坐云、食云：是云入、云坐、云食的倒装。云，说。

⑥ 蔬食：粗糙的饮食。蔬同“疏”。

⑦ 尚：同“上”。

⑧ 甥：古时称妻子的父亲叫外舅，所以，女婿也称“甥”，舜是尧帝的女婿。

⑨ 贰室：副宫，即招待的宫邸。

⑩ 用：以。

【译文】

万章问道：“请问交朋友的原则。”

孟子说：“不倚仗年龄大，不倚仗地位高，不倚仗兄弟的势力去交朋友。交朋友，交的是品德，不能够有什么倚仗。孟献子是一位拥有百辆车马的大夫，他有五位朋友：乐正裘、牧仲，其余三位，我忘记了。献子与这五人交朋友，心目中并不存在自己是大夫的观念，这五人，如果心目中存有献子是大夫的观念，也就不与献子交朋友了。不仅具有百辆车马的大夫有这样的，就是小国的国君也有这样的。费惠公说：‘我对于子思，把他尊为老师；我对于颜般，和他交为朋友；至于王顺和长息，不过是侍奉我的人罢了。’不仅小国的国君有这样的，就是大国的国君也有这样的。晋平公对待亥唐，亥唐叫他进去就进去，叫他坐就坐，叫他吃就它。即使是糙米饭小菜汤，也没有不吃饱的，因为不敢不吃饱。不过，晋平公也就是做到这一步而已。不同他一起共列官位，不同他一起治理政事，不同他一起享受俸禄，这只是一般士人尊敬贤者的态度，而不是王公贵族对贤者的态度。从前舜去拜见尧帝，尧助他的这位女婿住在副官中。他请舜吃饭，舜也请他吃饭，二人互为客人和主人。这是天子与普通百姓交朋友的范例。地位低下的人尊敬地位高贵的人，这叫尊敬贵人；地位高贵的人尊敬地位低下的人，这叫尊敬贤人。尊敬贵人和尊敬贤人，道理都是一样的。”

七十、知人论世

孟子谓万章曰：“一乡之善士斯友一乡之善士，一国之善士斯友一国之善土，天下之善士斯友天下之善士。以友天下之善士为未足，又尚[1]论古之人。颂[2]其诗，读其书，不知其人，可乎？是以论其世也。是尚友也。”

【注释】

①尚：同“上”。

②颂：同“诵”。

【译文】

孟子对万章说："一个乡的优秀人物就和一个乡的优秀人物交朋友，一个国家的优秀人物就和一个国家的优秀人物交朋友，天下的优秀人物就和天下的优秀人物交朋友。如果认为和天下的优秀人物交朋友还不够，便又上溯古代的优秀人物。吟咏他们的诗，阅读他们的书，不知道他们的为人，可以吗？所以要研究他们所处的社会时代。这就是上溯历史与古人交朋友。"

七十一、人性之善，犹水之下

告子①曰："性犹湍水②也，决诸东方则东流，决诸西方则西流。人性之无分于善不善也，犹水之无分于东西也。"

孟子曰："水信③无分于东西，无分于上下乎？人性之善也，犹水之就④下也。人无有不善，水无有不下。今夫水，搏而跃之，可使过颡⑤；激而行之，可使在山。是岂水之性哉？其势则然也。人之可使为不善，其性亦犹是也。"

【注释】

① 告子：生平不详，大约做过墨子的学生，较孟子年长。

②湍（tuān）水：急流的水。

③信：诚，真。

④就：趋向。

⑤颡（sāng）：额头。

【译文】

告子说："人性就像那急流的水，缺口在东便向东方流，缺口在西便向西方流。人性无所谓善与不善，就像水无所谓向东流向西流一样。"

孟子说："水的确无所谓向东流向西流，但是，也无所谓向上流向下流吗？人性向善，就像水往低处流一样。人性没有不善良的，水没有不向低处流的。当然，如果水受拍打而飞溅起来，能使它高过额头；加压迫使它倒行，能使它流上山岗。这难道是水的本性吗？形势迫使它如此的。人的可以迫使他做坏事，本性的改变也像这样。"

七十二、口之于味，有同耆焉

孟子曰："富岁，子弟多赖[①]；凶岁，子弟多暴，非天之降才尔殊[②]也，其所以陷溺其心者然也。今夫麰麦[③]，播种而耰[④]之，其地同，树[⑤]之时又同，浡然[⑥]而生，至于日至[⑦]之时，皆熟矣。虽有不同，则地有肥硗[8]，雨露之养、人事之不齐也。故凡同类者，举相似也，何独至于人而疑之？圣人，与我同类者。故龙子[9]曰：‘不知足而为屦，我知其不为蒉[10]也。’屦之相似，天下之足同也。口之于味，有同耆[11]也。易牙[12]先得我口之所耆者也。如使口之于味也，其性与人殊[13]，若犬马之与我不同类也，则天下何耆皆从易牙之于味也？至于味，天下期于易牙，是天下之口相似也。惟[14]耳亦然。至于声，天下期于师旷，是天下之耳相似也。惟目亦然。至于子都[15]，天下莫不知其姣也。不知子都之姣者，无目者也。故曰，口之于味也，有同耆焉；耳之于声也，有同听焉；目之于色也，有同美焉。至于心，独无所同然乎？心之所同然者何也？谓理也，义也。圣人先得我心之所同然耳。故理义之悦我心，犹刍豢[16]之悦我口。”

【注释】

①赖：同“懒”。

②尔：这样，如此。殊：不同。

③麰（móu）麦：大麦。

④耰（yōu）：本为农具名，此处作动词，指用土覆盖种子。

⑤树：动词，种植。

⑥浡（bó）然：旺盛的样子。

⑦日至：即夏至。

⑧硗（qiāo）：土地贫瘠，不肥沃。

⑨龙子：古代的贤人。

⑩蒉（kuì）：筐、篮。

⑪耆：通“嗜”。

⑫ 易牙：春秋时齐国最擅烹调的人，齐桓公的宠臣。

⑬ 与人殊：即“人与人殊”之意。

⑭ 惟：此处为语首词，无义。

⑮ 子都：春秋时代美男子。

⑯ 刍豢（huàn）：泛指家畜。食草家畜如牛羊称刍；食谷家畜如猎狗称豢。

【译文】

孟子说：“丰收年成，少年子弟多半懒惰；灾荒年成，少年子弟多半横暴，不是天生资质这样不同，而是由于外部环境使他们的心有所陷溺。以大麦而论，播种后用土把种子覆盖好，同样的土地，同样的播种时间，它们蓬勃地生长，到了夏至时，全都成熟了。虽然有收获多少的不同，但那是由于土地有肥瘠，雨水有多少，人工有勤惰而造成的。所以凡是同类的事物，其主要的方面都是相似的，为什么一说到人就发生疑问了呢？圣人，与论是同类的人嘛。所以龙子说：‘不用知道脚的长短去编一双鞋，我也知道是绝不会编成一个筐子的。’草鞋的相近，是因为天下人的脚都大致相同。口对于味道，有相同的嗜好，易牙就是先掌握了我们的共同嗜好的人。假如口对于味道，每个人都根本不同，就像狗、马与我们完全不同类一样，那么天下的人怎么会都喜欢易牙烹调出来的味道呢？一说到口味，天下的人都期望做到易牙那样，这说明天下人的口味都是相近的。对耳朵来说也是这样，一提到音乐，天下的人都期望做到师旷那样，这说明天下人的听觉都是相近的。对眼睛来说也是这样，一提到子都，天下人没有不认为他美的。不认为子都美丽的，是没有眼睛的人。所以说，口对于味道，有相同的嗜好；耳朵对于声音，有相同的听觉；眼睛对于颜色，有相同的美感。一说到心，难道就偏偏没有相同的地方了吗？心相同的地方大哪里？在理，在义。圣人不过就是先掌握了我们内心相同的东西罢了。所以理义使我的心高兴，就像猪狗牛羊肉使我觉得味美一样。”

七十三、一暴十寒

孟子曰：“无或[①]乎王之不智也。虽有天下易生之物也，一日暴[②]之，十日寒之，未有能生者也。吾见亦罕矣，吾退而寒之者至矣，吾如有萌焉何哉？今夫弈[③]之为数[④]，小数也；不专心致志。则不得也。弈秋，通国之善弈者也。使弈秋诲二人弈，其一人专心致志，惟奔秋之为听。一人虽听之，一心以为有鸿鹄[⑤]将至，思援弓缴[⑥]而射之，虽与之俱学，弗若之矣，为是其智弗若与？曰：非然也。”

【注释】

①或：同“惑”。

②暴（pù）：同“曝”，晒。

③弈：下围棋。

④数：技术，技巧。

⑤鸿鹄（hú）：天鹅。

⑥缴（zhuó）：系在箭上的绳，代指箭。

【译文】

孟子说："大王的不明智，没有什么不可理解的。即使有一种天下最容易生长的植物，晒它一天，又冻它十天，没有能够生长的。我和大王相见的时候也太少了。我一离开大王，那些'冻'他的奸邪之人就去了，他即使有一点善良之心的萌芽也被他们冻杀了，我有什么办法呢？比如下棋作为一种技艺，只是一种小技艺；但如果不专心致志地学习，也是学不会的。弈秋是全国闻名的下棋能手，叫弈秋同时教两个人下棋，其中一个专心致志，只听弈秋的话；另一个虽然也在听，但心里面却老是觉得有天鹅要飞来，一心想着如何张弓搭箭去射击它。这个人虽然与专心致志的那个人一起学习，却比不上那个人。是因为他的智力不如那个人吗？回答很明确：当然不是。"

七十四、鱼和熊掌，不可得兼

孟子曰:“鱼,我所欲也,熊掌亦我所欲也;二者不可得兼,舍鱼而取熊掌者也。生亦我所欲也，义亦我所欲也；二者不可得兼，舍生而取义者也。生亦我所欲，所欲有甚于生者，故不为苟得也；死亦我所恶，所恶有甚于死者，故患有所不辟[①]也。如使人之所欲莫甚于生,则几可以得生者,何不用也?使人之所恶莫甚于死者，则凡可以辟患者，何不为也？由是则生而有不用也，由是则可以辟患而有不为也。是故所欲有甚于生者，所恶有甚于死者。非独贤者有是心也，人皆有之，贤者能勿丧耳。一箪食，一豆[②]羹，得之则生，弗得则死，呼尔[③]而与之，行道之人弗受；蹴尔[④]而与之，乞人不屑也。万钟则不辨礼义而受之。万钟于我何加焉？为宫室之美、妻妾之奉、所识穷乏者得[⑤]我与？乡[⑥]为身死而不受，今为宫室之美为之；乡为身死而不受，今为妻妾之奉为之；乡为身死而不受，今为所识穷乏者得我而为之，是亦不可以已乎？此之谓失其本心。”

【注释】

①辟：同“避”。

②豆：古代盛羹汤的器具。

③呼尔：轻蔑地呼喝。

④蹴尔：以脚践踏。

⑤得：通“德”，这里指以我为德，即感激的意思。

⑥乡：同“向”，向来，一向，从前。

【译文】

孟子说：“鱼是我喜欢吃的，熊掌也是我喜欢吃的；如果不能两样都吃，我就舍弃鱼而吃熊掌。生命是我想拥有的，正义也是我想拥有的；如果不能两样都拥有，我就舍弃生命而坚持正义。生命是我想拥有的，但是还有比生命更使我想拥有的，所以我不愿意苟且偷生；死亡是我厌恶的，但是还有比死亡更使我厌恶的，所以我不愿意因为厌恶死亡而逃避某些祸患。如果让人想拥有的没有超过生命的，那么，只要是可以活命，什么事情干不出来呢？如果让人厌恶的没有超过死亡的，那么，只要是可以逃避死亡的祸患，什么事情干不出来呢？但也有些人，照此做就可以拥有生命，却不照此做；照此做就可以逃避死亡的祸患，却不照此做。由此可知，的确有比生命更使人想拥有的东西，也的确有比死亡更使人厌恶的东西。这种心原本不只是贤人才有，而是人人都有，只不过贤人能够保持它罢了。一篮子饭，一碗汤，吃了便可以活下去，不吃就要饿死。如果吆喝着给人吃，过路的人虽然饿着肚子也不会接受；如果用脚踩踏后再给人吃，就是乞丐也不屑于接受。可是现在，万钟的俸禄却有人不问合乎礼义与否就接受了。万钟的俸禄对我有什么好处呢？为了住宅的华丽、妻妾的奉养以及我所认识的穷苦人感激我吗？过去宁肯死亡都不接受的，现在却为了住宅的华丽而接受了；过去宁肯死亡都不接受的，现在却为了妻妾的奉养而接受了；过去宁肯死亡都不接受的，现在却为了我所认识的穷苦人感激我而接受了。这些不是可以停止的吗？这种做法叫做丧失了本性。”

七十五、学问之道，求其放心

孟子曰：“仁，人心也；义，人路也。舍其路而弗由，放[1]其心而不知求，哀哉！人有鸡犬放，则知求之；有放心而不知求。学问之道无他，求其放心而已矣。”

【注释】

①放：放任，失去。

【译文】

孟子说：“仁是人的本心；义是人的大道。放弃了大道不走，失去了本心而不知道寻求，真是悲哀啊！有的人，鸡狗丢失了倒晓得去找回来，本心失去了却不晓得去寻求。学问之道没有别的什么，不过就是把那失去了的本心找回来罢了。”

七十六、杯水车薪

孟子曰："仁之胜不仁也，犹水胜火。今之为仁者，犹以一杯水救一车薪之火也；不熄，则谓之水不胜火。此又与[1]于不仁之甚者也，亦终必亡而已矣。"

【注释】

①与：助。

【译文】

孟子说："仁胜过不仁，就像水可以灭火一样。但如今奉行仁道的人，就像用一杯水去灭一车柴草所燃烧的大火一样；灭不了，便说是水不能够灭火。这样的说法正好又大大助长了那些不仁之徒，结果连他们原本奉行的一点点仁道也必然会最终失去。"

七十七、羿之教人射

孟子曰："羿之教人射，必志于彀[1]，学者亦必志于彀。大匠诲人必以规矩，学者亦必以规矩。"

【注释】

① 志：期望。彀（gòu）：拉满弓。

【译文】

孟子说："羿教人射箭，总是期望把弓拉满，学的人也总是期望把弓拉满。高明的工匠教人手艺必定依照一定的规矩，学的人也就必定依照一定的规矩。"

七十八、人皆可以为尧舜

曹交[1]问曰："人皆可以为尧舜，有诸？"

孟子曰："然。"

"交闻文王十尺，汤九尺，今交九尺四寸以长，食粟而已，如何则可？"

曰："奚有于是？亦为之而已矣。有人于此，力不能胜一匹雏[2]，则为无力人矣；今日举百钧，则为有力人矣。然则举乌获[3]之任，是亦为乌获而已矣。夫人岂以不胜为患哉？弗为耳。徐行后长者谓之弟，疾行先长者谓之不弟。夫徐行者，岂人所不能哉？所不为也。尧舜之道，孝弟而已矣。子服尧之服，诵尧之言，行尧之行，是尧而已矣。子服桀之服，诵桀之言，行桀之行，是桀而已矣。"

曰："交得见于邹君，可以假馆[4]，愿留而受业于门。"

曰："夫道若大路然，岂难知哉？人病不求耳。子归而求之，有余师。"

【注释】

① 曹交：赵岐注认为是曹君的弟弟，名交。但孟子的时代曹国已亡，所以也不确切。

② 一匹雏：一只小鸡。

③ 乌获：古代传说中的大力士。

④ 假馆：借客舍，意为找一个住处。

【译文】

曹交问道："人人都可以做尧舜，有这说法吗？"

孟子说："有。"

曹交说："我听说文王身高一丈，汤身高九尺，如今我身高九尺四寸多，却只会吃饭罢了，要怎样做才行呢？"孟子说："这有什么关系呢？只要去做就行了。要是有人，自以为他连一只小鸡都提不起来，那他便是一个没有力气的人。如果有人说自己能够举起三千斤，那他就是一个很有力气的人。同样的道理，举得起乌获所举的重量的，也就是乌获了。人难道以不能胜任为忧患吗？只是不去做罢了。比如说，慢一点走，走在长者之后叫做悌；快一点走，抢在长者之前叫做不悌。那慢一点走难道是人做不到的吗？不那样做而已。尧舜之道，不过就是孝和悌罢了。你穿尧的衣服，说尧的话，做尧的事，你便是尧了。你穿桀的衣服，说桀的话，做桀的事，你便是桀了。"

曹交说："我准备去拜见邹君，向他借个住处，情愿留在您的门下做学生。"

孟子说："道就像大路一样，难道难于了解吗？只怕人不去寻求罢了。你回去自己寻求吧，老师多得很呢。"

七十九、《小弁》，小人之诗也

公孙丑问曰："高子[1]曰：《小弁》[2]，小人之诗也。"

孟子曰："何以言之？"

曰："怨。"

曰："固哉，高叟之为诗也！有人于此，越人关弓而射之，则己谈笑而道之；无他，疏之也。其兄关弓而射之，则己垂涕泣而道之；无他，戚之也。小弁之怨，亲亲也。亲亲，仁也。固矣夫，高叟之为诗也！”

曰：“《凯风》③何以不怨？”

曰：“《凯风》，亲之过小者也；《小弁》，亲之过大者也。亲之过大而不怨，是愈疏也；亲之过小而怨，是不可矶也。愈疏，不孝也；不可矶，亦不孝也。孔子曰：‘舜其至孝矣，五十而慕。’”

【注释】

① 高子：赵岐《注》以为是孟子弟子。

②《小弁（pán）》：指《诗经·小雅·小弁》，讽刺周幽王。

③《凯风》：指《诗经·国风·凯风》，凡四章，通篇都是自责而安慰母亲之辞。

【译文】

公孙丑问道：“高子说：《小弁》是小人所作的诗。对吗？”

孟子说：“凭什么这么说呢？”

公孙丑说：“因为诗中有怨恨之情。”

孟子说：“高老先生的论诗太呆板了！如果有一个人，越国人拉开弓去射他，（事后）他可以有说有笑地讲这件事；没有别的原因，只因为和越国人关系疏远，（可以由他去犯罪。）如果是他哥哥拉开了弓射他，（事后）他就会哭哭啼啼地讲这件事；没有别的原因，只因为和哥哥关系亲近，（不愿让他服罪。）《小弁》的怨恨，出自热爱亲人热爱亲人就是仁。太呆板了，高老先生这样的论诗！”

公孙丑问：“《凯风》这首诗为什么没有怨恨情绪？”

孟子说："《凯风》这首诗，是写母亲的小过错；《小弁》所写的是父亲的大过错。父母过错大而不怨恨，这是更加疏远父母；父母过错小而怨恨，这是一点都不能受刺激。更加疏远父母，这是不孝；不能受（父母）一点刺激，也是不孝。孔子说过：'舜是最孝顺的了，到了五十岁上还眷念着父母。'"

八十、宋牼将之楚

宋牼[①]将之楚，孟子遇于石丘[②]，曰："先生将何之？"

曰："吾闻秦楚构兵，我将见楚王说而罢之。楚王不悦，我将见秦王说而罢之。二王我将有所遇焉。"

曰："轲也请无问其详，愿闻其指。说之将何如？"

曰："我将言其不利也。"

曰："先生之志则大矣，先生之号则不可。先生以利说秦楚之王，秦楚之王悦于利，以罢三军之师，是三军之士乐罢而悦于利也。为人臣者怀利以事其君，为人子者怀利以事其父，为人弟者怀利以事其兄，是君臣、父子、兄弟终去仁义，怀利以相接，然而不亡者，未之有也。先生以仁义说秦楚之王，秦楚之王悦于仁义，而罢三军之师，是三军之士乐罢而悦于仁义也。为人臣者怀仁义以事其君，为人子者怀仁义以事其父，为人弟者怀仁义以事其兄，是君臣、父子，兄弟去利，

怀仁义以相接也，然而不王者，未之有也。何必曰利？”

【注释】

① 宋牼：战国时宋国人，又名宋钘、宋荣，当时著名学者。

② 石丘：地名，在宋国，一说在今河南旧卫辉府。

【译文】

宋牼要到楚国去，孟子在石丘遇上了他，问道：“先生准备上哪儿去？”

宋牼说：“我听说秦国和楚国在交战，我想去见楚王，劝说他停战，如果楚王不高兴听，我再去见秦王，劝说他停战。两位君王中，我总会遇到能说得通的吧。”

孟子说：“我不想问个详细，只想了解你的主要想法。你打算怎样去劝说呢？”

宋牼说：“我将向他们指出交战的不利之处。”

孟子说：“先生的用心诚然是好极了，先生的说法却不行。先生用利去劝说秦王、楚王，秦王、楚王喜欢利而让军队休战，这样也就使三军官兵因为追求利才乐于停战。（要是都这样，）做臣子的怀着求利的念头侍奉国君，做儿子的怀着求利的念头侍奉父亲，做弟弟的怀着求利的念头侍奉哥哥，这会使君臣、父子、兄弟最终背离仁义，怀着求利的念头相互对待。这样的国家却不灭亡，是从来没有的。先生（如果）用仁义去劝说秦王、楚王，秦王、楚王喜爱仁义而让军队休战，这就会使三军官兵因为喜爱仁义而乐于停战。（要是都这样，）做臣的心怀仁义侍奉国君，做儿子的心怀仁义侍奉父亲，做弟弟的心怀仁义侍奉哥哥，这样就会使君臣、父子、兄弟去掉求利的念头，而怀着仁义之心相互对待了。这样的国家还不能称王天下的，是从来没有的。何必要说利呢？”

八十一、季任为任处守

孟子居邹，季任[①]为任处守，以币交，受之而不报。处于平陆[②]，储子为相，以币交，受之而不报。他日，由邹之任，见季子；由平陆之齐，不见储子。屋庐子喜曰：“连[③]得间矣。”问曰：“夫人之任，见季子；之齐，不见储子，为其为相与？”

曰：“非也。《书》曰：‘享多仪，仪不及物曰不享，惟不役志于享。’为其不成享也。”

屋庐子悦。或问之。屋庐子曰：“季子不得之邹，储子得之平陆。”

【注释】

① 季任：任国国君的弟弟。

② 平陆：齐国地名，即今山东省汶上县。

③ 连：屋庐子的名字。

【译文】

孟子居住在邹国（的时候），季任正在任国代理国政，送礼物来结交孟子，孟子收了礼物却不回谢。（孟子）居住在平陆（的时候），储子担任齐国的相，送礼物来结交孟子，孟子收了礼也不回谢。后来，孟子从邹国到了任国，拜访了季子；从平陆到了齐国，却不拜访储子。屋庐子高兴地说："我发现老师的差错了。"问道："老师到了任国，拜访了季子；到了齐国，不拜访储子，是因为储子只是担任相吗？"

孟子说："不是的。《尚书》上说：'进献礼品看重礼仪，礼仪配不上礼品，就叫没有进献，因为心意不在进献上。'这是因为它不成为进献的缘故。"

屋庐子听了很高兴。有人问他这件事，屋庐子说："季子（在代理国政）不能亲自到邹国去，而储子（作为卿相）是能亲自到平陆去的。"

八十二、先名实者，为人也

淳于髡[①]曰："先名实者，为人也；后名实者，自为也。夫子在三卿[②]之中，名实未加于上下而去之，仁者固如此乎？"

孟子曰："居下位，不以贤事不肖者，伯夷也；五就汤，五就桀者，伊尹也；不恶汙君，不辞小官者，柳下惠也。三子者不同道，其趋一也。一者何也？曰，仁也。君子亦仁而已矣，何必同？"

曰："鲁缪公之时，公仪子[3]为政，子柳、子思[4]为臣，鲁之削也滋甚；若是乎，贤者之无益于国也！"

曰："虞不用百里奚而亡，秦穆公用之而霸。不用贤则亡，削何可得欤？"

曰："昔者王豹处于淇[5]，而河西善讴；绵驹处于高唐[6]，而齐右善歌；华周、杞梁[7]之妻善哭其夫而变国俗。有诸内，必形诸外。为其事而无其功者，髡未尝睹之也。是故无贤者也；有则髡必识之。"

曰："孔子为鲁司寇，不用，从而祭，燔肉[8]不至，不税冕而行。不知者以为为肉也，其知者以为为无礼也。乃孔子则欲以微罪行[9]，不欲为苟去。君子之所为，众人固不识也。"

【注释】

① 淳于髡：姓淳于，名髡，齐国人，曾仕于齐威王、齐宣王和梁惠王之朝，事迹散见《战国策·齐策》《史记·孟荀列传》《滑稽列传》诸书。

② 三卿：指上卿、亚卿、下卿，都是爵位。

③ 公仪子：即公仪休，曾任鲁国的相。

④ 子柳、子思：子柳，即泄柳，曾任鲁缪公的卿。子思，孔子之孙，名伋。

⑤ 王豹：卫国人，善于唱歌。淇水，卫国河流名。

⑥ 绵驹：一位善于唱歌的人。高唐：齐国邑名。

⑦ 华周、杞梁：齐国大夫，在齐国攻打莒国时战死，传说他们的妻子闻讯后，对着城墙痛哭，把城墙哭塌了；齐国人受到感染，以至善哭成风。

⑧ 燔肉：祭时用的熟肉。古礼，天子和诸侯祭祀后，要将一部分祭肉赐给大夫。

⑨ 乃孔子则欲以微罪行：这句隐含的意思是，孔子不想让人觉得自己弃官而去都是鲁国执政者的过错，因为这样做是失礼的。

【译文】

淳于髡说："重视名望功业的，是为了天下的人；轻视名望功业的，是为了自己（的清白）。先生的地位在齐国的三卿之中，但就名望功业来说，上不能匡正君主，下不能拯救百姓，就辞职而去了，仁人本该就是这样的吗？"

孟子说："处在低下的地位，不以贤人的身份侍奉不贤的君主，这是伯夷的态度；五次到汤那里做事，五次到桀那里做事，这是伊尹的态度；不讨厌昏庸的君主，不拒绝微小的官职，这是柳下惠的态度。三个人做法不同，方向是一致的。一致的是什么？就是仁。君子只要仁就行了，何必要处处相同？"

淳于髡说："鲁缪公的时候，公仪子掌管政事，子柳、子思也在朝做臣，然而鲁国疆土被别国侵夺却更加严重，贤人无益于国家就像这样的呀！"

孟子说："（从前）虞国因为不用百里奚而亡国，秦穆公用了他就称霸，（可见）不用贤人就会亡国，（到那时，只是想）割让点地方办得到吗？"

淳于髡说："从前王豹居住在淇水边，河西的人因此而善于唱歌；绵驹居住在高唐，齐国西部的人因此而善于唱歌；华周、杞梁的妻子，为丈夫的死而哭得异常伤心，因而改变了一国的风气。内心有什么，必然会显露在外面。做了那件事而不见那件事的功效，我还没有见过这种情况呢。所以现在是没有贤人，要有，我一定会知道的。"

孟子说："孔子担任鲁国的司寇，不受信任，有一次跟随（鲁君）去祭祀，祭肉不按规定送来，于是顾不上脱掉祭祀时所戴的礼帽就走了。不了解孔子的，以为他是为了那点祭肉而离开的，了解孔子的，只认为他是因为鲁国的失礼而离开的。至于孔子，却正想担点儿（这一类的）小罪名离开，不想随便弃官而去。君子所做的事，一般人本来就是不理解的。”

八十三、生于忧患，死于安乐

孟子曰：“舜发于畎亩①之中，傅说②举于版筑③之间，胶鬲④举于鱼盐之中，管夷吾举于士⑤，孙叔敖举于海⑥，百里奚举于市⑦。故天将降大任于是人也，必先苦其心志，劳其筋骨，饿其体肤，空乏其身，行拂乱其所为，所以动心忍性，曾⑧益其所不能。人恒过，然后能改；困于心，衡⑨于虑，而后作；征⑩于色，发于声，而后喻。入则无法家拂士⑪，出则无敌国外患者，国恒亡。然后知生于忧患而死于安乐也。”

【注释】

①畎（quǎn）亩：田间，田地。

②傅说（yuè）：殷武丁时人，曾为刑徒，在傅险筑墙，后被武丁发现，举用为相。

③版筑：一种筑墙工作，在两块墙版中，填入泥土夯实。

④胶鬲（gé）：殷纣王时人，曾以贩卖鱼、盐为生，周文王把他举荐给纣，后辅佐周武王。

⑤管夷吾：管仲。士：此处指狱囚管理者。当年齐桓公和公子纠争夺君位，

公子纠失败后，管仲随他一起逃到鲁国，齐桓公知道他贤能，所以要求鲁君杀死公子纠，而把管仲押回自己处理。鲁君于是派狱囚管理者押管仲回国，结果齐桓公用管仲为宰相。

⑥ 孙叔敖：是春秋时楚国的隐士，隐居海边，被楚王发现后任为令尹（宰相）。

⑦ 百里奚举于市：春秋时的贤人百里奚，流落在楚国，秦穆公用五张羊皮的价格把他买回，任为宰相，所以说“举于市”。

⑧ 曾：同“增”。

⑨ 衡：通“横”，指横塞。

⑩ 征：表征，表现。

⑪ 法家拂士：法家，有法度的大臣；拂，假借为“弼”，辅佐；拂士即辅佐的贤士。

【译文】

孟子说：“舜从田间劳动中成长起来，傅说从筑墙的工作中被选拔出来，胶鬲被选拔于鱼盐的买卖之中，管仲被提拔于囚犯的位置上，孙叔敖从海边被发现，百里奚从市场上被选拔。所以，上天将要把重大使命降落到某人身上，一定要先使他的意志受到磨炼，使他的筋骨受到劳累，使他的身体忍饥挨饿，使他备受穷困之苦，做事总是不能顺利。这样来震动他的心志，坚韧他的性情，增长他的才能。人总是要经常犯错误，然后才能改正错误；心气郁结，殚思竭虑，然后才能奋发而起；显露在脸色上，表达在声音中，然后才能被人了解。一个国家，内没有守法的大臣和辅佐的贤士，外没有相与抗衡的邻国和外患的忧惧，往往容易亡国。由此可以知道，忧患足以使人生存，安逸享乐却足以使人败亡。”

八十四、教亦多术

孟子曰："教亦多术矣。予不屑之教诲也者，是亦教诲之而已矣。"

【译文】

孟子说："教育也有多种方式方法。我不屑于教诲他，本身就是对他的教诲。"

八十五、修身立命

孟子曰："尽其心者，知其性也。知其性，则知天矣。存其心，养其性，所以事天也。夭寿不贰，修身以俟之，所以立命也。"

【译文】

孟子说："充分运用心灵思考的人，是知道人的本性的人。知道人的本性，就知道天命。保持心灵的思考，涵养本性，这就是对待天命的方法。无论短命还是长寿都一心一意地修身以等待天命，这就是安身立命的方法。"

八十六、穷则独善其身，达则兼济天下

孟子谓宋勾践[①]曰："子好游[②]乎？吾语子游：人知之，亦嚣嚣[③]；人不知，亦嚣嚣。"

曰："何如斯可以嚣嚣矣？"

曰："尊德乐义，则可以嚣嚣矣。故士穷不失义，达不离道。穷不失义，故士得己[④]焉；达不离道，故民不失望焉。古之人，得志，泽加于民；不得志，修身见于世。穷则独善其身，达则兼善天下。"

【注释】

① 宋勾践：人名，姓宋，名勾践，生平不详。

② 游：指游说。

③ 嚣嚣：安详自得的样子。

④ 得己：即自得。

【译文】

孟子对宋勾践说："你喜欢游说各国的君主吗？我告诉你游说的态度：别人理解也安详自得；别人不理解也安详自得。"

宋勾践问："怎样才能做到安详自得呢？"

孟子说："尊崇道德，喜爱仁义，就可以安详自得了。所以士人穷困时不失去仁义；显达时不背离道德。穷困时不失去仁义，所以安详自得；显达时不背离道德，所以老百姓不失望。古代的人，得志时恩惠施于百姓；不得志时修养自身以显现于世。穷困时独善其身，显达时兼善天下。"

八十七、君子有三乐

孟子曰："君子有三乐，而王天下不与存焉。父母俱存，兄弟无故①，一乐也；仰不愧于天，俯不怍②于人，二乐也；得天下英才而教育之，三乐也。君子有三乐，而王天下不与存焉。"

【注释】

① 故：事故，指灾患病丧。

② 怍（zuò）：惭愧。

【译文】

孟子说："君子有三大快乐，以德服天下不在其中。父母健在，兄弟平安，这是第一大快乐；上不愧对于天，下不愧对于人，这是第二大快乐；得到天下优秀的人才进行教育，这是第三大快乐。君子有三大快乐，以德服天下不在其中。"

八十八、观于海者难为水

孟子曰："孔子登东山①而小鲁，登泰山而小天下。故观于海者难为水，游于圣人之门者难为言。观水有术，必观其澜。日月有明，容光②必照焉。流水之为物也，不盈科不行；君子之志于道也，不成章③不达。"

【注释】

① 东山：即蒙山，在今山东蒙阴县南。

② 容光：指能够容纳光线的小缝隙。

③ 成章：《说文》解释："乐竟为一章。"由此引申，指事物达到一定阶段或有一定规模。

【译文】

孟子说："孔子登上东山，就觉得鲁国变小了；登上泰山，就觉得整个天下都变小了。所以，观看过大海的人，便难以被其他水所吸引了；在圣人门下学习过的人，便难以被其他言论所吸引了。观看水有一定的方法，一定要观看它壮阔的波澜。太阳月亮有光辉，不放过每条小缝隙；流水有规律，不把坑坑洼洼填满不向前流；君子立志于道，不到一定的程度不能通达。"

八十九、鸡鸣而起

孟子曰："鸡鸣而起，孳孳①为善者，舜之徒也；鸡鸣而起，孳孳利者，蹠②之徒也。欲知舜与蹠之分，无他，利与善之间③也。"

【注释】

① 孳孳（zī）：同"孜孜"，勤勉不懈。

② 蹠（zhí）：通常作"跖"，相传为柳下惠的弟弟，春秋时的大盗，所以又称"盗跖"。

③ 间：区别，差异。

【译文】

孟子说："鸡叫便起床，孜孜不倦地行善的人，是舜一类的人物；鸡叫便起床，孜孜不倦地求利的人，是盗跖一类的人物。要想知道舜和跖有什么区别，没有别的，利和善的不同罢了。"

九十、杨朱与墨翟

孟子曰："杨子取为我①，拔一毛而利天下，不为也。墨子兼爱②，摩顶放踵③利天下，为之。子莫④执中。执中为近之。执中无权，犹执一也。所恶执一者，为其贼道也，举一而废百也。"

【注释】

① 杨子：战国初期哲学家，名朱，魏国人。他的学说与墨子的学说在战国时代都很流行。他重视个人利益，反对别人对自己的侵夺，但也反对侵夺别人。他没有留下著作，事迹见于《孟子》《庄子》《韩非子》《吕氏春秋》等，《列子》里有《杨朱篇》，但不一定可靠。

② 墨子兼爱：墨子（约前 468 一前 376），春秋战国之际的思想家、政治家，墨家学派的创始人，名翟。相传原为宋国人，后长期住在鲁国。"兼爱"是他的基本思想之一。

③ 摩顶放踵：从头顶到脚跟都磨伤，形容不畏劳苦，不顾体伤。放：到。

④ 子莫：战国时鲁国人，其事迹已不可考。

【译文】

孟子说："杨朱主张为自己，即使拔一根毫毛而有利于天下，他都不肯干。墨子主张兼爱，即便是从头顶到脚跟都磨伤，只要是对天下有利，他都肯干。子莫则主张中道。主张中道本来是不错的，但如果只知中道而不知道权变，那也就和执着一点一样了。为什么厌恶执着一点呢？因为它会损害真正的道，只是坚持一点而废弃了其余很多方面。"

九十一、饥者甘食，渴者甘饮

孟子曰："饥者甘食，渴者甘饮。是未得饮食之正也，饥渴害之也。岂惟口腹有饥渴之害？人心亦皆有害。人能无以饥渴之害为心害，则不及人不为忧矣。"

【译文】

孟子说："饥饿的人觉得任何食物都是美味的，干渴的人觉得任何饮料都是可口的。他们不能够吃喝出饮料和食物的正常滋味，是由于饥饿和干渴的妨害。难道只有嘴巴和肚子有饥饿和干渴的妨害吗？心灵也同样有妨害。一个人能够不让饥饿和干渴那样的伤害去妨碍心灵，那就不会以自己不及别人为忧虑了。”

九十二、掘井九轫

孟子曰：“有为者辟①若掘井，掘井九轫②而不及泉，犹为弃井也。”

【注释】

①辟：同“譬”。

②九轫：轫，同“仞”，古代量词，一仞，六尺或八尺，九仞，则相当于六七丈。

【译文】

孟子说：“做事好比掘井一样，掘到六七丈深还没有见水，仍然只是一口废井。”

九十三、士尚志

王子垫[1]问曰："士何事？"

孟子曰："尚志。"

曰："何谓尚志？"

曰："仁义而已矣。杀一无罪非仁也，非其有而取之非义也。居恶在？仁是也；路恶在？义是也。居仁由义，大人之事备矣。"

【注释】

① 王子垫：齐王的儿子，名垫。

【译文】

王子垫问道："士做什么事？"

孟子说："使志行高尚。"

王子垫问："使志行高尚指的是什么？"

孟子说："仁和义罢了。杀死一个无罪的人，是不仁；不是自己的东西却去占有，是不义。居住的地方在哪里？仁便是；道路在哪里？义便是。居于仁而行于义，大人的事便齐备了。"

九十四、舜为天子，瞽瞍杀人

桃应[1]问曰："舜为天子，皋陶为士，瞽瞍杀人，则如之何？"

孟子曰："执之而已矣。"

"然则舜不禁与？"

曰："夫舜恶得而禁之？夫有所受之也。"

"然则舜如之何？"

曰："舜视弃天下犹弃敝屣[2]也。窃负而逃，遵海滨而处，终身訢然[3]，乐而忘天下。"

【注释】

① 桃应：孟子的学生。

② 敝屣（xǐ）：破鞋子。

③ 訢（xīn）：同"欣"。

【译文】

桃应问道："舜做天子，皋陶做法官，假如舜的父亲瞽瞍杀了人，那怎么办？"

孟子说："把他逮起来就是了。"

桃应问："难道舜不阻止吗？"

孟子说："舜怎么能够阻止呢？皋陶是按所受职责办事。"

桃应问："那么，舜该怎么办呢？"

孟子说："舜把抛弃天子之位看得像抛弃破鞋子一样。他偷偷地背负父亲逃走，沿着海滨住下来，终身逍遥，快乐得把曾经做过天子的事情忘掉。"

九十五、居移气，养移体

孟子自范[①]之齐，望见齐王之子，喟然叹曰："居移气，养移体，大哉居乎！夫非尽人之子与？"

孟子曰："王子宫室、车马、衣服多与人同，而王子若彼者，赔使之然也；况居天下之广居[②]者乎？鲁君之宋，呼于垤泽之门[③]。守者曰：'此非吾君也，何其声之似我君也？'此无他，居相似也。"

【注释】

①范：地名，故城在今山东范县东南二十里，是魏国与齐国之间的要道。

②广居：孟子的"广居"指仁。如《滕文公下》所说："居天下之广居，立天下之正位。"

③垤（dié）泽之门：宋国城门。

【译文】

孟子从范邑到齐都，远远地望见了齐王的儿子，非常感慨地说："地位改变气度，奉养改变体质，地位是多么重要啊！他不也是人的儿子吗？"

孟子说："王子的住所、车马、衣服多半与他人相同，而王子像那个样子，是他的地位使他那样的。何况那处在天下最广大地位上的人呢？鲁国的国君到宋国去，在宋国的城门下呼喊。守门的人说：'这人不是我们的国君，他的声音怎么这样像我们的国君呢？'这没有别的原因，他们的地位相似罢了。"

九十六、食而弗爱，豕交之也

孟子曰："食①而弗爱，豕交之也；爱而不敬，兽畜之也。恭敬者，币之未将②者也。恭敬而无实，君子不可虚拘。"

【注释】

① 食：动词，使之食，引申为奉养。

② 币：指礼物。将；送。

【译文】

孟子说："只是养活而不爱，那就如养猪一样；只是爱而不恭敬，那就如养鸟儿养爱犬等畜生一样。恭敬之心是在送出礼物之前就有了的。徒具形式的恭敬，君子不可虚留。"

九十七、君子之所以教者五

孟子曰："君子之所以教者五：有如时雨化之者，有成德者，有达财[①]者，有答问者，有私淑艾[②]者。此五者，君子之所以教也。"

【注释】

①财：通"材"。

②淑：通"叔"，拾取。艾（yì）：同"刈"，取。也就是说，淑、艾同义，"私淑艾"也就是"私淑"，意为私下拾取，指不是直接作为学生，而是自己仰慕而私下自学的。这也就是所谓"私淑弟子"的意思。

【译文】

孟子说："君子教育人的方式有五种：有像及时雨一样滋润化育的；有成全品德的；有培养才能的；有解答疑问的；有以学识风范感化他人使之成为私淑弟子的。这五种，就是君子教育人的方式。”

九十八、大匠不为拙工改废绳墨

公孙丑曰：“道则高矣，美矣，宜若登天然，似不可及也；何不使彼为可几及而日孳孳也？”

孟子曰：“大匠不为拙工改废绳墨，羿不为拙射变其彀率[①]。君子引而不发，跃如也。中道而立，能者从之。”

【注释】

① 彀率：拉开弓的标准。

【译文】

公孙丑说：“道倒是很高很好的，但就像登天一样，似乎高不可攀。为什么不使它成为可以攀及的因而叫人每天都去勤勉努力呢？”

孟子说：“高明的工匠不因为拙劣的工人而改变或者废弃规矩，羿绝不因为拙劣的射手而改变拉弓的标准。君子张满了弓而不发箭，只做出要射的样子。他恰到好处地做出样子，有能力学习的人便跟着他做。”

九十九、其进锐者，其退速

孟子曰："于不可已而已者，无所不已。于所厚者薄，无所不薄也。其进锐者，其退速。"

【译文】

孟子说："对于不应该停止的却停止了，那就没有什么不可以停止。对于应该厚待的却薄待了，那就没有什么不可以薄待。前进太猛的人，后退也会很快。"

一百、春秋无义战

孟子曰："春秋无义战。彼善于此，则有之矣。征者，上伐下也，敌国①不相征也。"

【注释】

①敌国：指地位相等的国家。“敌”在这里不是“敌对”，而是“相当”的意思。

【译文】

孟子说：“春秋时代没有合乎义的战争。那一国或许比这一国要好一点，这样的情况倒是有的。所谓征，是指上讨伐下，同等级的国家之间是不能够相互讨伐的。”

一百〇一、尽信书，则不如无书

孟子曰：“尽信书，则不如无书。吾于《武成》①，取二三策②而已矣。仁人无敌于天下，以至仁伐至不仁，而何其血之流杵③也？”

【注释】

①《武成》：《尚书》的篇名。现存《武成》篇是伪古文。

②策：竹简。古代用竹简书写，一策相当于我们今天说一页。

③杵：舂米或捶衣的木棒。

【译文】

孟子说：“完全相信书，那还不如没有书。我对于《武成》

这一篇书，就只相信其中的二三页罢了。仁人在天下没有敌手，以周武王这样极为仁道的人去讨伐商纣这样极不仁道的人，怎么会使鲜血流得那么多，以至于可以漂起木棒呢？”

一百〇二、不能使人巧

孟子曰：“梓匠轮舆能与人规矩，不能使人巧。”

【译文】

孟子说：“能工巧匠能够教会别人规矩法则，但不能够教会别人技巧。”

一百〇三、民为贵，社稷次之，君为轻

孟子曰：“民为贵，社稷[1]次之，君为轻。是故得乎丘[2]民而为天子，得乎天子为诸侯，得乎诸侯为大夫。诸侯危社稷，

则变置。牺牲[3]既成，粢盛既洁[4]，祭祀以时，然而旱干水溢，则变置社稷。”

【注释】

① 社稷：社，土神。稷：谷神。古代帝王或诸侯建国时，都要立坛祭祀“社”“稷”，所以，“社稷”又作为国家的代称。

② 丘：众。

③ 牺牲：供祭祀用的牛、羊、猪等祭品。

④ 粢（zī）：稷，粟米。粢盛既洁的意思是说，盛在祭器内的祭品已洁净了。

【译文】

孟子说：“百姓最为重要，代表国家的土神谷神其次，国君为轻。所以，得到民心的做天子，得到天子欢心的做国君，得到国君欢心的做大夫。国君危害到土神谷神——国家，就改立国君。祭品丰盛洁净，祭扫按时举行，但仍然遭受旱灾水灾，那就改立土神谷神。”

一百〇四、以其昭昭使人昭昭

孟子曰：“贤者以其昭昭使人昭昭，今以其昏昏使人昭昭。”

【译文】

孟子说："贤人先使自己明白，然后才去使别人明白；今天的人则是自己都没有搞清楚，却想去使别人明白。"

一百〇五、山径之蹊间

孟子谓高子①曰："山径之蹊②间，介然③用之而成路；为间④不用，则茅塞之矣。今茅塞子之心矣。"

【注释】

① 高子：齐国人，孟子的学生。

② 径：山路。溪：人行处。山径之蹊泛指很窄的山间小路。

③ 介然：本指意志专一而不旁骛，这里是经常不断的意思。

④ 为间：即"有间"，短时，为时不久。

【译文】

孟子对高子说："山坡间的小径，经常有人行走便踏成了一条路；过一段时间没有人去走它，又会被茅草堵塞了。现在茅草也把你的心堵塞了。"

一百〇六、是为冯妇

齐饥。陈臻曰:“国人皆以夫子将复为发棠①,殆不可复。”

孟子曰:“是为冯妇②也。晋人有冯妇者,善搏虎,卒为善士。则之野,有众逐虎。虎负嵎③,莫之敢撄④。望见冯妇,趋而迎之。冯妇攘臂下车。众皆悦之,其为士者笑之。”

【注释】

① 复为发棠:重新劝齐王打开棠地的粮仓赈济灾民。棠,地名,在今山东即墨南。过去齐国灾荒时,孟子曾劝过齐上开棠地粮仓赈济灾民,所以有此说。

② 冯妇:人名,姓冯,名妇。

③ 嵎(yù):山势弯曲险阻处。

④ 撄(yīng):迫近。

【译文】

齐国遭饥荒,陈臻对孟子说:“国内的人们都以为老师会再次劝齐王打开棠地的粮仓来赈济灾民,大概不可以再这样做了吧。”

孟子说:“再这样做就成了冯妇了。晋国有个人叫冯妇的,善于打虎,后来成了善人,不再打虎了。有次他到野外去,看到有很多人正在追逐一只老虎。那老虎背靠着山势险阻的

地方，没有人敢去迫近它。大家远远望见冯妇来了，连忙跑过去迎接他。冯妇挽袖伸臂地走下车来，众人都很高兴，可士人们却讥笑他。”

一百〇七、自任者轻

孟子曰：“言近而指远者，善言也；守约而施博者，善道也。君子之言也，不下带[①]而道存焉；君子之守，修其身而天下平。人病舍其田而芸人之田——所求于人者重，而所以自任者轻。”

【注释】

① 带：束腰的带子。朱熹注：“古人视不下于带，则带之上乃目前常见至近之处也。举目前之近事，而至理存焉。”所以，不下带指平常浅近的意思。

【译文】

孟子说：“言语浅近而意义深远的，是善言；操守简约而施与广博的，是善道。君子的言语，讲的虽然是平常的事情，却蕴含着深刻的道理；君子的操守，从修养自身开始，然后才使天下太平。人们的毛病往往在于放弃自己的田地不耕种，却跑到别人的田里去除草——要求别人很多很严格，要求自己却很少很轻松。”

一百〇八、说大人，则藐之

孟子曰：说[①]大人，则藐之，勿视其巍巍然。堂高数仞，榱题[②]数尺，我得志，弗为也。食前方丈，侍妾数百人，我得志，弗为也。般乐饮酒，驱骋田猎，后车千乘，我得志，弗为也。在彼者，皆我所不为也；在我者，皆古之制也。吾何畏彼哉？”

【注释】

①说（shuì）：向……进言。

②榱（cuí）题：也叫“出檐”，指屋檐的前端。

【译文】

孟子说：“向位高显贵的人说话，要藐视他，不要把他的显赫地位和权势放在眼里。哪怕他殿堂高两三丈，屋檐好几尺宽，如果我得志，并不屑于这些；哪怕他佳肴满桌，侍奉的姬妾好几百，如果我得志，并不屑于这些；哪怕他饮酒作乐，驰驱打猎，随从车辆成百上千，如果我得志，并不屑于这些。他所拥有的，都是我不屑于有的；我所希望的，是古代的礼乐制度。我为什么要怕他呢？”

一百○九、养心莫善于寡欲

孟子曰："养心莫善于寡欲。其为人也寡欲，虽有不存焉者，寡矣；其为人也多欲，虽有存焉者，寡矣。"

【译文】

孟子说："修养心性的最好办法是减少欲望。一个人如果欲望很少，即便本性有所失去，那也是很少的；一个人如果欲望很多，即便本性还有所保留，那也是很少的了。"

一百一十、乡原，德之贼也

万章问曰："孔子在陈曰[①]：'盍归乎来！吾党之小子狂简，进取，不忘其初。'孔子在陈，何思鲁之狂士？"

孟子曰："孔子[②]'不得中道而与之，必也狂狷乎！狂者进取，狷者有所不为也'。孔子岂不欲中道哉？不可必得，故思其次也。"

"敢问何如斯可谓狂矣？"

曰："如琴张③、曾晳、牧皮④者，孔子之所谓狂矣。"

"何以谓之狂也？"

曰："其志嘐嘐然，曰，'古之人，古之人。'夷⑥考其行，而不掩焉者也。狂者又不可得，欲得不屑不洁之士而与之，是狷也，是又其次也。孔子曰：'过我门而不入我室，我不憾焉者，其惟乡原⑦乎！乡原，德之贼也。⑧'"

曰："何如斯可谓之乡原矣？"

曰："'何以是嘐嘐也？言不顾行，行不顾言，则曰，古之人，古之人。行何为踽踽凉凉⑨？生斯世也，为斯世也，善斯可矣。'阉然⑩媚于世也者，是乡原也。"

万子曰："一乡皆称原人焉，无所往而不为原人，孔子以为德之贼，何哉？"

曰："非之无举也，刺之无刺也，同乎流俗，合乎污世，居之似忠信，行之似廉洁，众皆悦之，自以为是，而不可与人尧舜之道，故曰'德之贼'也。孔子曰：'恶似而非者：恶莠⑪，恐其乱苗也；恶佞，恐其乱义也；恶利口，恐其乱信也；恶郑声，恐其乱乐也；恶紫，恐其乱朱也；恶乡原，恐其乱德也。'君子反经⑫而已矣。经正，则庶民兴；庶民兴，斯无邪慝⑬矣。"

【注释】

① 孔子在陈曰：见《论语·公冶长》，原文为："子在陈曰：'归与归与！吾党之小子狂简，斐然成章，不知所以裁之。'"与万章所引略有不同。

② 孔子……：见《论语·子路》。原文和孟子这里所引一样。

③ 琴张：人名，不详。

④ 牧皮：人名，不详。

⑤ 嘐（xiāo）嘐：赵歧注："志大言大者也。"

⑥ 夷：平。或认为作语助词，无义。

⑦ 乡原（yuàn）：也作"乡愿"。愿，谨慎。乡原指外貌忠诚谨慎，实际上欺世盗名的人，也就是现代所谓"老好人"、"好好先生"。

⑧ 孔子曰：这段话在《论语·阳货》中只有"子曰：'乡原，德之贼也。'"

⑨ 踽（jǔ）踽：独行不进的样子。凉凉：淡薄，冷漠。

⑩ 阉：指阉人，即宦官。阉然指像宦官那样巴结逢迎的样子。

⑪ 莠：有害农作物的杂草。

⑫ 反：同"返"。经：正常之道。

⑬ 慝（tè）：奸邪。

【译文】

万章问道："孔子在陈国说：'何不归去呢！我的那些学生们忘大而狂放，进取而不忘本。'孔子在陈国，为什么思念鲁国的那些狂放之士呢？"

孟子说："孔子说'得不到言行合于中庸之道的人相交，那就必然是和狂与狷这两种人相交吧！狂的人具有进取精神，狷的人有所不为'。孔子难道不想和言行合于中庸之道的人相交吗？不能够得到，所以只能求次一等的罢了。"

万章问："请问什么样的人可以叫做狂放的人？"

孟子说："如琴张、曾皙、牧皮这些人，就是孔子称为狂放的人。"

万章问："为什么说他们是狂放的人呢？"

孟子说："他们志向很远大，言语很夸张，嘴巴总是说'古人呀！古人呀！'可是一考察他们的行为，却和言语不相合。这种狂放之人如果也得不到，那就和洁身自好的人相交往了，这些洁身自好的人就是孔子所说的狷者，是比狂者又次一等的人。孔子说：'从我家门口经过却不进到我的屋里来，而我并不遗憾的，那就只有好好先生了吧！好好先生是偷道德的贼。'"

万章问："什么样的人可以称为好好先生呢？"

孟子说："好好先生批评狂者说：'为什么这样志大言大呢？言语不能够和行为相照应，行为不能够和言语相照应，就只说古人呀！古人呀！'又批评狷者说：'为什么这样落落寡合呢？生在这个世界上，为这个世界做事，只要过得去就行了。'像宦官那样八面玲珑，四处讨好的人，就是好好先生。"

万章说："一乡的人都说他是老好人，他也到处都表现得像个老好人，孔子却认为他是偷道德的贼，这是为什么呢？"

孟子说："是啊，这种人，你要说他有什么不对，又举不出例证来；你要指责他却又好像无可指责。他只是同流合污，为人好像忠诚老实，行为好像清正廉洁，大家都很喜欢他，他自己也以为很不错 但实际上，他的所作所为却并不合于尧舜之道，所以说他是'偷道德的贼'。孔子说：'厌恶那些似是而非的东西：厌恶杂草，怕的是它搞乱禾苗；厌恶花言巧语，怕的是它搞乱正义；厌恶夸夸其谈，怕的是它搞乱信实；厌恶郑国的乐曲，怕的是它搞乱雅乐；厌恶紫色，怕的是它搞乱正宗的红色；厌恶好好先生，怕的是他搞乱道德。'

君子的所作所为不过是为了让一切回到正道罢了。回到正道，老百姓就会振作起来；老百姓振作起来，也就没有邪恶了。”

一百一十一、由尧舜至于汤

孟子曰：“由尧舜至于汤，五百有余岁，若禹、皋陶，则见而知之。若汤，则闻而知之。由汤至于文王，五百有余岁，若伊尹、莱朱[①]，则见而知之；若文王，则闻而知之。由文王至于孔子，五百有余岁，若太公望、散宜生[②]，则见而知之；若孔子，则闻而知之。由孔子而来至于今，百有余岁，去圣人之世若此其未远也。近圣人之居若此其甚也，然而无有乎尔，则亦无有乎尔[③]！”

【注释】

①莱朱：汤的贤臣。

②散宜生；文王贤臣。

③然而无有乎尔，则亦无有乎尔：朱熹《集注》引林氏的解释认为：前半句“然而无有乎尔”指没有“见而知之”者；后半句“则亦无有乎尔”指五百余岁之后更不会有“闻而知之”者了。因此，是孟子对没有人继承孔子圣人学说的忧虑。

【译文】

孟子说："从尧舜到汤，经历了五百多年，像禹、皋陶那样的人，是亲眼看见尧舜之道而继承的；像汤，则是听说尧舜之道而继承的人。从商汤到周文王，又有五百多年，像伊尹、莱朱那样的人，是亲眼看见商汤之道而继承的；像文王，则是听说商汤之道而继承的。从周文王到孔子，又是五百多年，像太公望、散宜生那样的人，是亲眼看见文王之道而继承的；像孔子，则是听说文王之道而继承的。从孔子到现在，一百多年，离开圣人在世的年代不是很远，距离圣人的家乡这样近，但是却没有亲眼看见圣人之道而继承的人了，以后恐怕也没有听说圣人之道而继承的人了吧！"